小学校低学年・家族・発達障害をもつ子・先生のための
災害に負けない防災ハンドブック

臨床福祉学博士 堀 清和 著

ぼうさいはひごろのそなえとこころがまえがたいせつです。さいがいのちしきもひつようになってきます。

ぼうさいはかせのわたしといっしょにぼうさいについてかんがえよう

ぼうさいはかせ
にほんいちのぼうさいけんきゅうかだよ

もくじ

あんぜん

あんぜんについてはなしあおう・・・7
ありさんたちは かんがえた・・・8
よかったね！ありさん・・・9
あんぜんにくらせることのたいせつさ・・・10
どんなきもちになるか かんがえてみよう・・・11
まちはどうやってあんぜんをまもっているの？・・・12
あんぜんをまもってくれるもの・・・14
あんぜんマーク・・・15
あんぜんをまもってくれるものをさがしてみよう・・・16
あんぜんにくらせることのたいせつさ・・・17
あんぜんをまもってくれるものはどれかな？・・・18

さいがい

さいがいについてまなぼう　じしん・どしゃくずれ・・・19
さいがいについてまなぼう　つなみ・たつまき・・・20
さいがいについてまなぼう　たいふう・かじ・かさい・・・21
さいがいについてまなぼう　おおあめ・こうずい・おおゆき・・・22
さいがいについてまなぼう　なだれ・かみなり・かざんのふんか・・・23
さいがいについてまなぼう　さいがい・ぼうさい・そなえ・・・24
さいがいについてまなぼう　ひなん・おさらいクイズ・・・25
さいがいからまもってくれるもののやくわりとなまえ・・・26
あんぜんたんけんたい・・・27
さいがいおさらいクイズ・・・28
さいがいにそなえよう・・・29

じしん

じしんがおきたら・・・31
じしんがおきると どんなことがおこる？・・・32

2

もくじ

じしん

きけんをしらせてくれるもの・・・33
じしんでゆれたとき どこへいけばいい？・・・34
じしんのよしんでどんなことがおきる？・・・35
おさらいクイズ じしんがおきたあと どうすればいい？・・・36
じしんのときのひなんくんれん・・・37
じしんのときのあんしんそくていき・・・38
じしんがおきたあと・・・41
じしんがおきたときのひなんのながれ・・・42
おさらいクイズ ひなんのながれ・・・43
じしんがおきたとき きをつけたいばしょ・・・44
じしんがおきたとき がっこうのなかでのひなん・・・45
じしんがおきたとき きをつけたいこと・・・・46

かじ

かじにきをつけよう・・・47
どうして かじになる？・・・48
はなびをするとき きをつけて・・・49
ひじょうベルのやくわり・・・50
ぼうかとびら ぼうかシャッターのまえではあそばない・・・51
かじにきをつけよう・・・52
かじのときのひなん・・・53

たいふう

たいふうがくるとどうなる？・・・55
たいふうのときは どんなきけんがおこる？・・・56
たいふうがきたときの まちのようす・・・57

もくじ

たつまき
たつまき・・・58
たつまきちゅういじょうほうがでたとき・・・59

こうずい
こうずい・・・60
こうずいになるとどうなる？・・・61

かみなり
かみなり・・・63
かみなりのせいしつ・・・64
かみなりがなるとどうなる？・・・65
かみなりにきをつけよう・・・66

かざん
かざんがふんかすると・・・67
かざんがふんかするとどうなる？・・・68
かざんのふんかにそなえて・・・69
かざんのちしき・・・70

ひなんじょ
ひなんじょのせいかつ・・・71
ひなんじょのようす・・・74
えをみてかんがえよう・・・75
ひなんじょにあるもののやくわり・・・76
さいがいにそなえよう・・・77
ひなんじょではどうすごす？・・・78

もくじ

ボード
コミュニケーションボードのつかいかた・・・79
コミュニケーションボード・・・80
でんごんゲーム・・・82
さいがいじにどんなことをつたえる？・・・84

れんしゅう
じしんからみをまもる れんしゅうをしよう・・・85

マップ
じしん・つなみ ひなんマップをつくろう・・・87
おうち（がっこう）へかえってから・・・90

じてん
さいがいじてん　1・・・92
さいがいじてん　2・・・93
さいがいじてん　3・・・94
さいがいじてん　4・・・95
さいがいじてん　5・・・96
さいがいじてん　6・・・97
さいがいじてん　7・・・98

しんぶん
ぼうさいしんぶんをつくろう　できるかな？チャレンジ・・・99

5

もくじ

ポスター
ぼうさいポスターをつくろう・・・101

カード
ぼうさいカードの遊び方・・・102
ぼうさいカード・・・104

災害伝言板・・・108

本書の特色

安心を育てる防災教育・・・109
発達障害を持つ子の防災・・・112
家庭、クラスでの手作り防災教材・・・117
コミュニケーションボードの作成とロールプレイング学習・・・122
学習の際の注意・・・123
授業の展開例・・・124
避難情報のレベル・・・125

推薦文・・・126
あとがき・・・128

※本書の中で漢字を用いて説明している場所は、お子さんに読み聞かせする形で解説してあげてください。

本書は、東北大学災害科学国際研究所特定プロジェクト研究「発達障害を持つ子のための防災教育および防災対策」の成果物である。

あんぜんについてはなしあおう

 えをみて ありさんのきもちをかんがえよう

①

②

③

④

 あてはまる うえのえのばんごうをしたの □ にいれよう

あ　ありさんがにもつを
　　はこんでいるよ　　　□

い　にもつをはこべなく
　　なって ないているよ　□

う　けがをしちゃった
　　いたくてないているね　□

え　たいへん！
　　うえからいしころが
　　ころがってきたよ　　□

こたえは：あ＝①　い＝④　う＝③　え＝②

7

 あんぜん

ありさんたちは かんがえた

 えをみて ありさんのきもちをかんがえよう

①
②
③
④
⑤

 どうなったのかな？

 したのぶんしょうにあう えのばんごうを□にいれよう

あ ヘルメットをかぶった ありさんがいるよ

え いしがころがって きたよ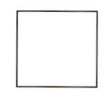

い あぶないよーとしらせ てくれたありさんがい るよ

お いしがおちてこな いように さくをつ くったありさんが いるよ

う あんぜんににげられる みちをつくったありさ んがいるよ

こたえは あ=⑤ い=② う=④ え=① お=③

よかったね！ありさん

あんぜん

 えをみて ありさんのきもちをかんがえよう

 したのぶんしょうにあう えのばんごうを□にいれよう

あ ヘルメットをかぶった ありさんがいるよ □

え また いしがころがってきたよ □

い でも、さくをつくっていたからだいじょうぶだったよ □

お あぶないよーと しらせてくれた ありさんがいたよ □

う あんぜんににげられる みちをとおってぶじに みんな おうちにかえったよ □

か にもつがとどいて みんなおおよろこびだよ □

こたえ： (あ)＝④ (い)＝③ (う)＝⑤ (え)＝① (お)＝② (か)＝⑥

 あんぜん

あんぜんにくらせることの たいせつさ

 けがをすると どうなるかかんがえてみよう

① けがをすると

② だれかが けがをすると

みんなが しんぱいします

けがが なおるまで たのしくあそぶこともできません

けがを しないようにするには

あんぜんに きをつけて くらすことが たいせつです

おうちの方、先生へ

安全に暮らすには何が大切か、何に気を付けなければならないかを子どもたちに繰り返し丁寧に教えてあげてください。普段の生活がしっかりしていたら災害が起きた時、あわてず対処することができます。

どんなきもちになるか かんがえてみよう

あんぜん

 おてほんのように ○のなかに ひょうじょうをかいてみよう

うれしい　たのしい　こわい　あんしん　イライラ　かなしい

 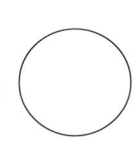  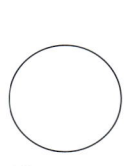 

おもちゃであそんでいる　　うえからいしが　　おかしをたべている
　　　　　　　　　　　　　おちてきた

 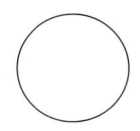  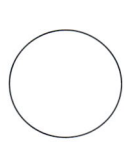

けがをした　　　けがをしてあそべなくなった

  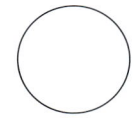

あぶないところを　　　　みんなとあんぜんなばしょで
たすけてくれた　　　　　いっしょ

みんなはどんなときに けがをしたことがあるかな。はなしあって みましょう。
どうすればあんぜんにくらせるかな？　はなしあってみましょう。

11

あんぜん

まちはどうやってあんぜんを まもっているの？

えのなかから あんぜんをまもってくれるものをさがそう

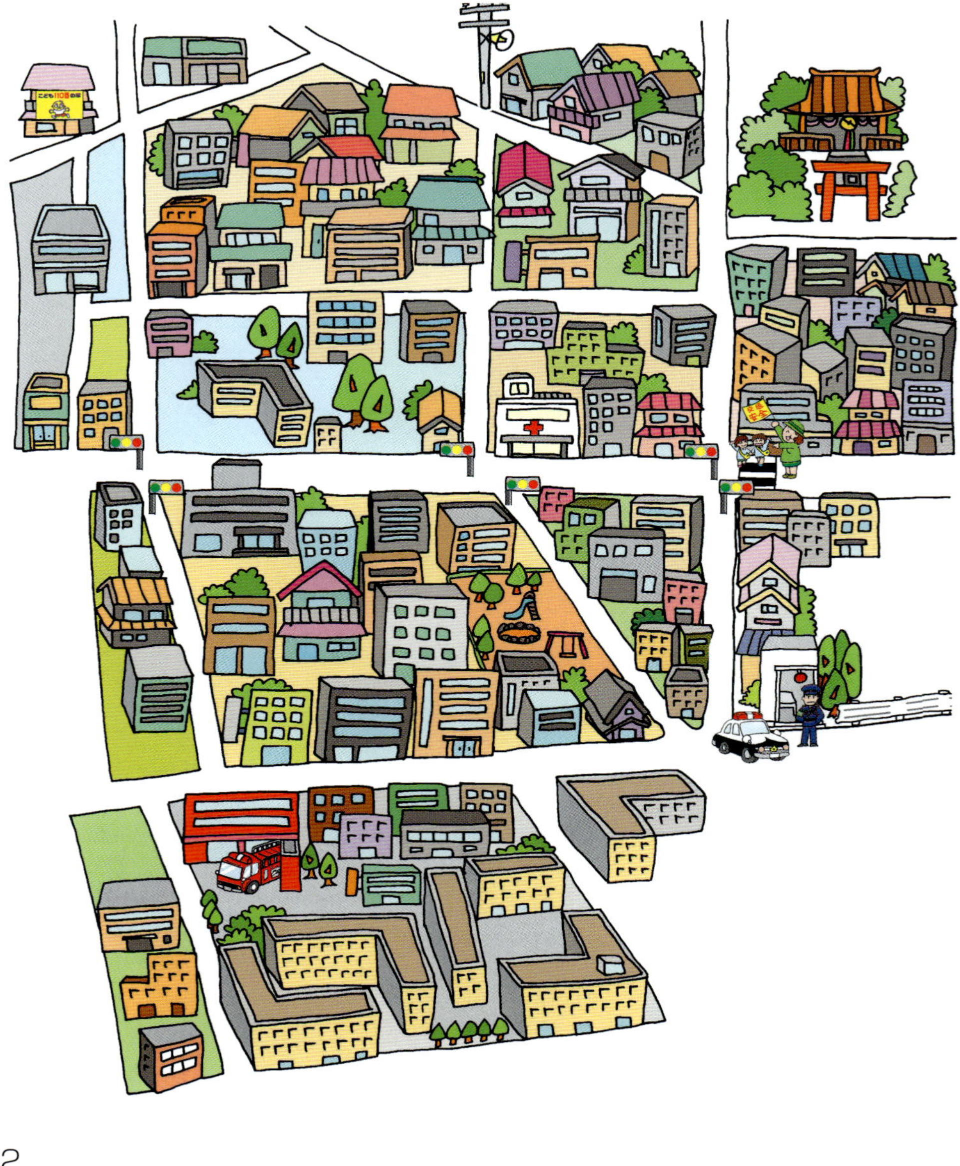

あんぜん

びょういん

こうばんと
おまわりさん

こうえん

しょうぼうしょ

こども
ひゃくとうばん

ぼうさい
スピーカー

ガードレール

こどもと
みどりのおばさん

うえのえがひだり
のぺーじのどこに
あるか さがして
みよう

おうちの方、先生方へ
町の安全を守ってくれるも
のと、その場所と位置を教
えてあげてください。いざ
という時、役立ちます。

13

あんぜん

あんぜんを
まもってくれるもの

どんなものがさいがいからまもってくれるかな？
えのなかから あんぜんをまもってくれるものを
さがしてみよう

しらせてくれるもの

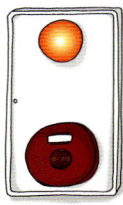
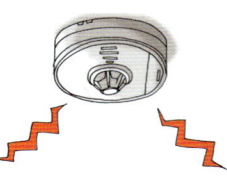

ぼうさい　　　　テレビ　　　　ひじょうベル　　かさいほうちき
スピーカー

きけんをちいさくするもの

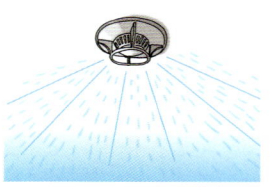

しょうかきで　　しょうかせんで　　スプリンクラーの
ひをけす　　　　しょうか　　　　　しょうか

ひなんするときにやくだつもの

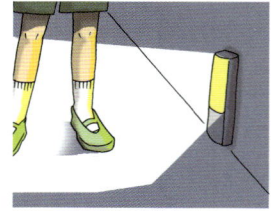

ひじょうぐち　　ひじょうかいだん　あしもとゆうどうとう

あんぜんマーク

あんぜん

かきげんきん
このマークがあるものの ちかくでは ひをつかっては いけません

あんないじょ
いろいろなじょうほうを おしえてくれるところです。まいごになったとき ここにいくと おうちのひとを よんでくれます

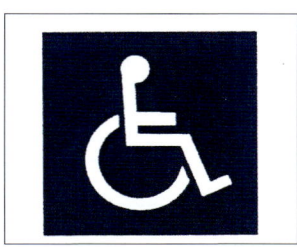

しょうがいしゃようしせつ
しょうがいをもっているひとが つかいやすいばしょに ついています

ちゅうい
このマークがあるところは あぶないので きをつけないと いけません

おうちの方、先生方へ
安全を子どもたちに自覚してもらう大切なマークです。さまざまな場所で見ることができます。子どもたちに「これは何のマーク？」と尋ね、しっかり認識してもらうよう努めてください。災害の時、役立ちます。

あんぜん

あんぜんをまもってくれる ものをさがしてみよう

どんなものがさいがいからまもってくれるかな？
えのなかから あんぜんをまもってくれるものを さがしてみよう

ぼうさいスピーカー

ラジオ

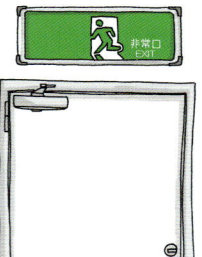
ひじょうぐち

テレビのきんきゅうほうそう

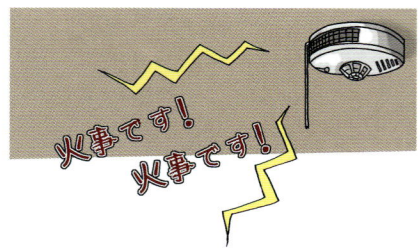
かさいほうちき

しょうかきとしょうかせん

あんぜんにくらせることの たいせつさ

あんぜん

どうしてあんぜん？　どうしてあぶない　えをみてりゆうをかんがえよう

あぶないものから てを まもってくれるよ

おちてくるものから あたまをまもってくれたよ

ほのおを けすことが できたよ

くらいところでも あかりの おかげで みえるよ

くすりのおかげで びょうきに ならなくてすんだよ

あんぜんをまもってくれるものを いつもみぢかにおいておこうね

17

あんぜん

あんぜんをまもってくれる ものはどれかな？

1
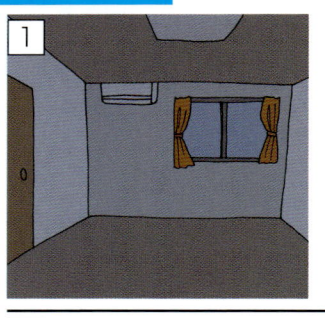

2

3

4
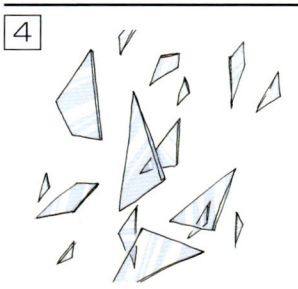

5
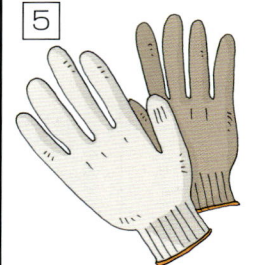

6
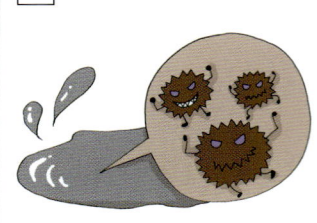

7
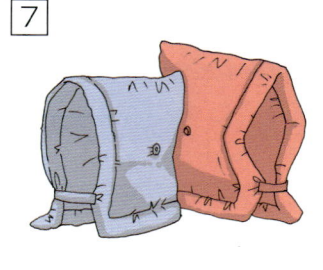

8
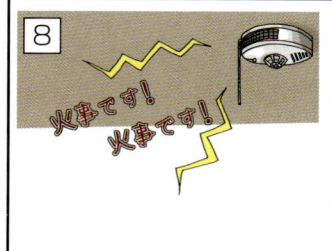

9
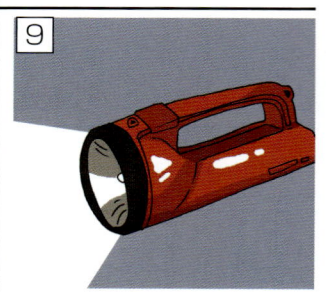

あてはまる うえのえのばんごうを したのはこのなかにいれよう

あんぜんをまもってくれるもの

あぶないもの

こたえ あんぜんをまもってくれるもの ② ⑤ ⑦ ⑧ ⑨ あぶないもの ① ③ ④ ⑥

18

さいがいについてまなぼう
じしん・どしゃくずれ

さいがい

 どんな災害があるの

地震ってなに？
地面がぐらぐら揺れることを地震といいます。
地震はいつどこで起こるかわかりません。
地震が起きると建物も揺れます。地面や建物の揺れは、時間が経つと収まります。
大きな地震が起きると、建物がこわれることがあります。山がくずれることもあります。
地震の揺れで、ものが倒れてきたり落ちてきたりします。倒れてきたものや落ちてきたものに当たるとけがをして、危険です。揺れが収まっても、しばらくしてからまた揺れることがあります。これを余震といいます。

おうちの方、先生方へ
災害について、絵を見ながら子どもたちに文章を読んで説明してあげてください。

土砂くずれってなに？
山などで土や砂が削れて落ちてくることを土砂くずれといいます。地震で揺れたり、強い雨が降ったりすると土砂くずれが起こりやすくなります。土と一緒に落ちてきた石に当たると大けがをします。土や砂の下じきになると、外に出られなくなり、息ができなくなってしまいます。

19

さいがい

さいがいについてまなぼう
つなみ・たつまき

 どんな災害があるの？

津波ってなに？

海の水が大きなかたまりになって襲ってくることを津波といいます。海の近くでは、地震の後に津波がくることがあります。
海の上では飛行機と同じくらいの速さで進みます。
陸の上ではオリンピック選手と同じくらいの速さで進みます。
大人でも津波に巻き込まれると流されてしまいます。
建物や車も押し流してしまいます。
津波に巻き込まれるととても危険です。
安全のためには津波が届かない高いところに逃げるようにします。

竜巻ってなに？

竜巻がくる前には急に空が暗くなることがあります。雷がなることがあります。冷たい風が吹くことがあります。大粒の雹（ひょう）が空から降ってくることがあります。

さいがいについてまなぼう
たいふう・かじ・かさい

さいがい

どんな災害があるの？

台風ってなに？

とても強い風がびゅうびゅう吹いてたくさんの雨が降ることを台風といいます。強い風が吹くと町にあるいろいろなものが飛ばされてしまいます。風でいろんなものが飛んできて、飛んできたものに当たるとけがをします。台風の雨で道が水びたしになることもあります。

火事・火災ってなに？

建物や建物にあるものに火がついて燃えることを火事といいます。火災ということもあります。
火事が起こっている場所にいると熱くてやけどをします。火事の煙を吸うととても苦しくなって危険です。建物が燃えると、熱くて通路が通れなくなることがあります。
建物が燃えると、上から焼けたものが落ちてくることがあります。焼けたものが落ちてくると通路がふさがることがあります。
焼けたものに当たるとけがをします。
火事が起きると、大切なおもちゃや写真なども焼けてしまいます。

21

さいがい

さいがいについてまなぼう
おおあめ・こうずい・おおゆき

 どんな災害があるの？

大雨　洪水ってなに？

たくさん雨が降ることを大雨といいます。
雨がたくさん降ると川の水があふれることがあります。
雪が溶けて川の水があふれることもあります。
川の水があふれて町に流れてくることを洪水といいます。洪水になると、車が通れなくなります。

家の中まで水が入ってくることもあります。水びたしになると、とびらが開かなくなることがあります。水びたしになると、少しの水でも歩きにくくなります。水がある場所は大雨の時、危険です。水に流されておぼれてしまいます。地面が削れて道をふさぐこともあります。
地面が削れて家がこわれてしまうこともあります。

大雪ってなに？

雪がたくさん降ることを大雪といいます。雪が道路に積もると車や人がすべりやすくなります。
屋根から突然たくさんの雪が落ちてきて人が埋まってしまうこともあります。
たくさんの雪が落ちてくるとけがをしたり息ができなくなったりします。

22

さいがいについてまなぼう
なだれ・かみなり・かざんのふんか

さいがい

 どんな災害があるの？

なだれってなに？
山からたくさんの雪がくずれて落ちてくることをなだれといいます。
雪と一緒に木や岩も流れてくるので危険です。
雪に埋まってしまうと息ができなくなります。

雷ってなに？
空が突然光って大きな音が鳴ることを雷といい、雷が落ちることを「落雷」といいます。雷の光のことは稲妻といったり稲光といったりします。
雷の正体は電気です。雷が近くに落ちる時は家が燃えたり、感電（電気でしびれること）したりします。

火山の噴火ってなに？
地面の下にあるとても熱いマグマやガスが噴き出した山のことを火山といいます。時々、岩のかたまりや溶岩が外に噴き出す火山もあります。火山から岩のかたまりや溶岩が飛び出すことを噴火といいます。火山が噴火すると、とても熱いガスや岩のかたまりが一緒になって動いてきたり、噴火で飛び散った大きな岩や石が空から降ってきたりしてとても危険です。

23

さいがい

さいがいについてまなぼう
さいがい・ぼうさい・そなえ

さいがいにそなえたよういを

災害ってなに？
地震や津波、台風や大雨、火事など、起こると大変危ないできごとを災害といいます。
安心して暮らすには、災害が起きた時にどうするか、考えておくことが大切です。

防災ってなに？
災害が起きても安全でいられるようにすることを防災といいます。
建物がこわれないようにしたり、安全に逃げられる方法を考えたりします。
防災がしっかりしていると恐いことが起きても安心できます。

備えってなに？
災害が起きた時のために用意しておくことを備えるといいます。
備えておくものを備えといいます。備えておくものは「非常持ち出し袋」という袋に入れて、災害が起きた時にすぐに持ち出せるようにしておきます。

避難ってなに？
災害が起きた時に、安全な場所に逃げることを避難といいます。避難する場所のことを避難所といいます。大きな災害が起こると、しばらく避難所で生活することもあります。

さいがいについてまなぼう
ひなん・おさらいクイズ

さいがい

おさらいクイズ

じしんのあとに どんなことがおこりそう？
じしんによっておこることがあるものをえらびましょう

せいかいは3つあります

こたえは①③⑤

つなみがおきたときは どこにいればあんぜんにすごせるでしょう
あんぜんなばしょをかんがえましょう

せいかいは2つあります

こたえは①③

25

さいがい

さいがいからまもってくれる もののやくわりとなまえ

なまえとやくわりをおぼえよう

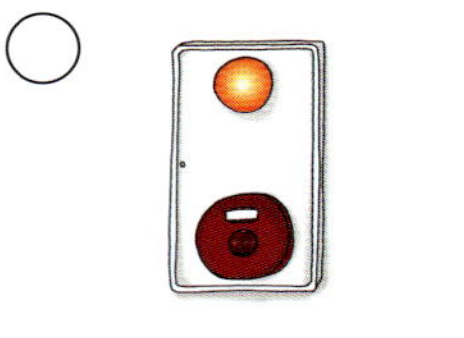

ひじょうベル

ぼうさいスピーカー

きんきゅうそくほう

かさいけいほうき

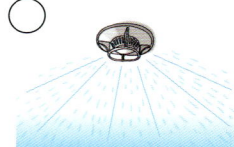
スプリンクラー

ひじょうぐち

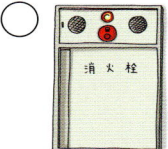
しょうかせん

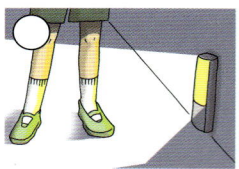
あしもとゆうどうとう

ひじょうかいだん

ぼうかとびら

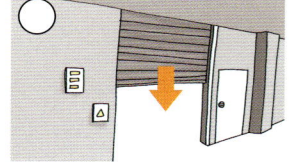
ぼうかシャッター

おぼえておこうね

◆みんなのまわりにあるかな？
◆みつけたものがあれば〇にいろをつけよう
◆いくつみつけた？ _____
◆どこにあった？ _____
◆みつけたものはどんなときに やくにたつかな？

26

あんぜんたんけんたい

さいがい

どういうやくわりかおぼえよう

ひじょうベル	さいがいがおきたことをおしえてくれます
ぼうさいスピーカー	さいがいがおきたことをおしえてくれます
きんきゅうそくほう	テレビやラジオ、けいたいでんわなどからさいがいをしらせてくれます
かさいけいほうき	ひやけむりがあるとしらせてくれます
スプリンクラー	みずをだしてひをちいさくしてくれます
ひじょうぐち	さいがいがおきたときにここからにげます
しょうかせん	かじがおきたときにここからみずをだします
あしもとゆうどうとう	さいがいでくらくなったとき　あしもとをてらしてくれます
ひじょうかいだん	さいがいがおきたときにこのかいだんをつかいます
ぼうかとびら	かじがおきたときに、ほのおがもえひろがらないようにひのとおりみちをふせぎます
ぼうかシャッター	かじがおきたときに、ほのおがもえひろがらないようにひのとおりみちをふせぎます

さいがい

さいがい おさらいクイズ

 どんなときにやくにたつかな せんでむすびつけてみよう

 　　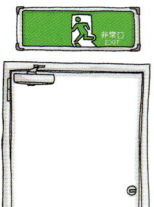

 ③●　　●C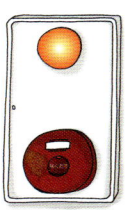

 ④●　　●D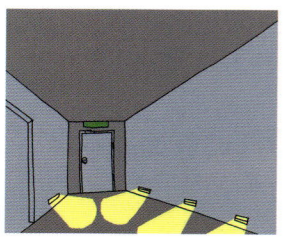

こたえ　①B ②C ③D ④A

さいがいにそなえよう

さいがい

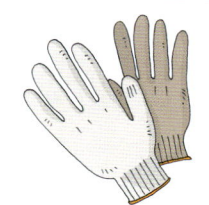
ぐんて
てを けがしないように まもります

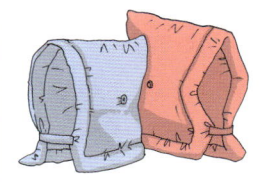
ぼうさいずきん
おちてくるものから あたまをまもります

くすりばこ
くすりやほうたいや ばんそうこうを いれておきましょう

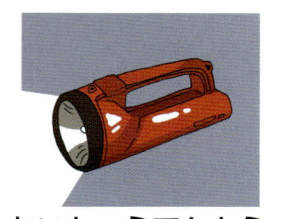
かいちゅうでんとう
よるでも あかりをつけることが できます

みず
のんだり よごれを おとしたり できます

ラジオ
ラジオのほうそうで いろんなことをおしえて もらえます

しょうかき
ひをけすことが できます

どんなときにどんなものがやくにたつか しっかりおぼえておこうね

おうちの方、先生方へ
普段から災害に対する準備をし、子どもたちにも常にその意識を持たせるよう努めてください。

29

さいがい

さいがいにそなえよう

 しろいまるのなかに なにがはいるかな？ わくのなかからさがしてみよう

かんがえよう

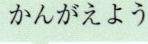

こたえあわせ
①がC ②がF
③がE ④がD
⑤がB ⑥がA

30

じしんがおきたら

じしん

 じしんがおきたらどうなる？ えをみてかんがえてみよう

ゆれた！

つくえのしたなど
けがをしにくいばしょへ

おとなのひとに ひをとめて
もらう

ドアがあかなくなるかも
しれないのでドアをあける

ラジオやテレビなどで
じしんのじょうほうをきく

あんぜんなところへ
ひなんする

がっこうでは せんせいの
いうことをきく

つなみがきそうなときは
できるだけたかいところへ

みんなは
だいじょうぶ
かな？

31

じしん

じしんがおきると どんなことがおこる？

 じしんがおきたら どんなことがおこるかな？

ほんだな
たおれてくるかも しれません

かざっている えやかびん
えやかびんが おちてくるかもしれません

ガラスのちかく
ガラスが われる かもしれません

テレビ
テレビが とんでくるかもしれません

しょっきだな
しょっきがとんでくる かもしれません

どうすれば あんぜん？

じしんがおきたときのためのどうぐもあります
じゅんびしておくとあんぜんになります

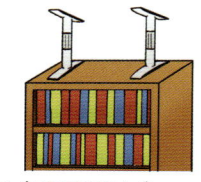

かぐのこていぐ
ほんだななどが たおれてこないようにします

ガラスひさんぼうしよう フィルム
ガラスがわれても とびちらないようにします

スリッパ
よういしておくと にげるときガラスであしをけがしにくいです

32

きけんをしらせて くれるもの

じしん

じしんのときに きけんをしらせてくれるもの

テレビなどのきんきゅう
じしんそくほう

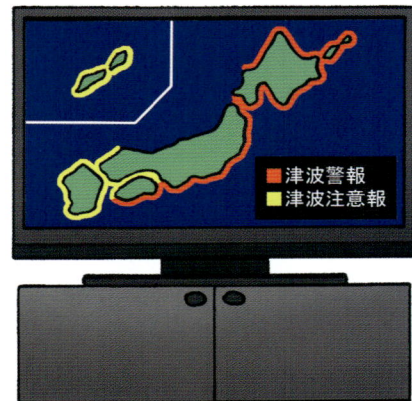
テレビなどのつなみじょうほう

ぼうさいスピーカー

ぼうさいスピーカーから
きこえる ぼうさいアナウンス

じしん

じしんでゆれたとき どこへいけばいい？

じしんでゆれたときどうすればいい？

ドアがあかなくならないようにドアを あける

おとなのいうことを きく

じょうぶなつくえのしたに はいる

じしんがおきるとこうなる

ひなんじょへむかうみちで どんなことがおこりそう？

はしが つぶれることが あります

かんばんやじどうはんばいきが たおれてくることが あります

ガラスがわれて とんできます

じしん

じしんのよしんで
どんなことがおきる？

よしんでこうなることもあるよ

ていでん
でんきが つかなくなる

ガスがとまる
こんろがつかえなくなる

すいどうかんが つぶれて
みずが でなくなる

大きな地震の場合、揺れが収まった後も、しばらくしてから、また地震が起きることがあります。
これを余震といいます。
地震が起きた後の建物や塀には、ひびが入っていることがあります。
一回目の地震では壊れていない場所でも、余震が起きると崩れてくることもあります。

停電・断水

大きな地震が起きると電気が使えなくなることがあります。
これを停電といいます。
水道管が壊れて、水が出なくなることもあります。
これを断水といいます。
ガスが使えなくなることもあります。
電気や水、ガスが止まると、お風呂に入ったり、やかんでお湯を沸かしたりできなくなります。

じしん

おさらいクイズ じしんがおきた あと どうすればいい？

じしんがおきたあとどうすればいいかな

① ② ③ ④

じしんがおきたあとの じゅんばんを □のなかに かこう

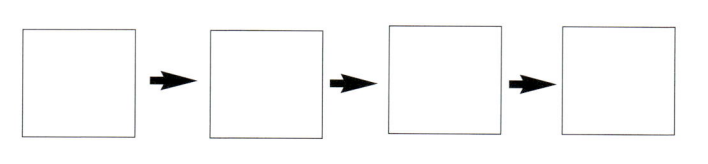

□ → □ → □ → □

こたえは ① → ④ → ② → ③

じしんのときの
ひなんくんれん

じしん

ひなんくんれんて なに？

◆避難訓練とは、災害が起きた時にけがをしないように、避難の方法をみんなで練習することです。
◆おうちの人も先生も地域の人も、あなたがけがをしたり危ない目にあったりするとかなしみます。だから、どうすれば安全な場所にうまく避難できるか、みんなで練習します。
◆子どもだけではなく、大人も一緒に練習します。練習をしておけば、災害が起きた時に上手に避難できます。
◆災害が起きた時の練習なので、大きな音が鳴ることもあります。小さな音だと、災害に気付かない人がいたら困ってしまいます。だからみんなにわかるように、大きな音を鳴らします。はじめは 音を聞いてドキドキするかもしれません。でも大丈夫です。音で知らせてもらって、安全な場所に避難できれば、安心できます。あなたがけがをしないで安全に避難できたら、みんなも安心です。

おうちの方、先生方へ

災害を怖がるのではなく、災害が起きれば避難する、避難すれば安心ということを子どもたちに教えてあげてください。そして、大人の指示にしたがって避難するということ、勝手な行動を慎むことを教えてあげてください。

じしん

じしんのときの あんしんそくていき

あんしんそくていきで あんしんどをはかってみよう

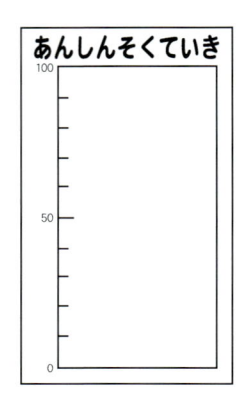

これは あんしんそくていきといいます

あなたが あんしんできるときは めもりがたかくなります

いま めもりは **90** です

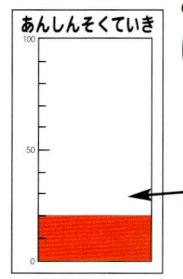

あなたが あんしんできないときは めもりがひくくなります

いま めもりは **20** です

◆あんしんできないときは なにもぬらずに0にします。
◆すこしだけあんしんできるときは すこしぬります。
◆とてもあんしんできるときは いっぱいぬりましょう。
　ひとによって あんしんのかんじかたはちがいます。
　じゆうにぬりましょう。

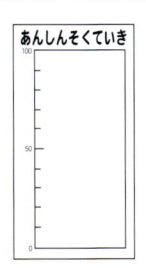

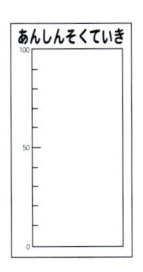

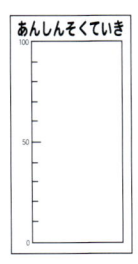

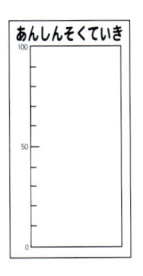

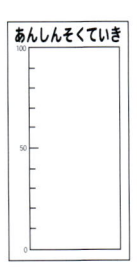

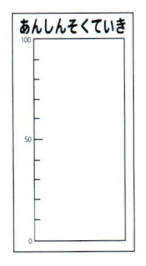

じしんのときの
あんしんそくていき

じしん

えをみて あなたがかんじたとおりに
あんしんそくていきのめもりに いろをぬりましょう

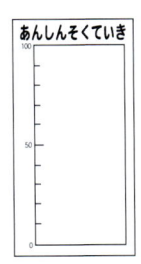

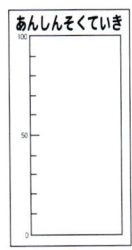

① あんしんそくていき

② あんしんそくていき

③ あんしんそくていき

④ あんしんそくていき

⑤ あんしんそくていき

⑥ あんしんそくていき

⑦ あんしんそくていき

⑧ あんしんそくていき

39

じしん

じしんのときの
あんしんそくていき

したのえをみてあなたがかんじたとおりに
あんしんそくていきのめもりにいろをぬろう

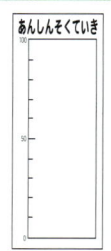

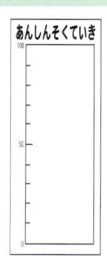

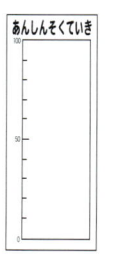

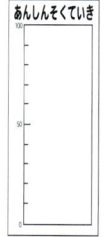

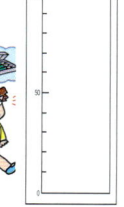

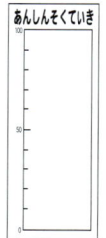

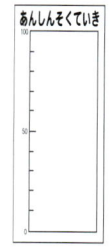

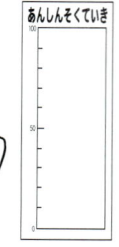

おうちの方、先生方へ

ここでは、さまざまな場面を目盛りで表して、どうすれば安心できるかを客観的に捉えてもらうことや、避難の大切さを意識してもらうことが目標です。こういうふうに感じているのだな、ということがわかれば、実際の避難に必要な支援も見えてきます。
避難訓練を体験した後に、もう一度「あんしんそくていき」のイラストを使って避難の「あんしんど」がどう変わるか見てみるのもいいでしょう。安心できるはずの正しい避難の絵で「あんしんど」が以前より下がってしまった場合は、ひょっとすると避難訓練でいやな思いを体験したのかもしれません。このようなときは、避難訓練の方法を見直してみましょう。

じしんがおきたあと

じしん

きけんなばしょにずっといるとあぶないよ

ひなんしないと	ひなんすると
じしんでいえがゆれている	じしんでいえがゆれている
まどのちかくにいるとあぶないよ	つくえのしたにはいろう
ひとりでいるとあぶないよ	おとなといっしょにひなんしよう
たてものがこわれてしまった	おとなといっしょだとあんしんだね

41

じしん

じしんがおきたときのひなんのながれ

ひとつずつかんがえながら よんでみよう

じしんがおきたら あわてないことがたいせつ ひなんのながれをしっかりおぼえておこう

できごと	どうする?	なぜ そうするの?
1.じしんがおきた	みをまもる	けがを しないように する
2.ゆれがおさまった	あんぜんなばしょへ ひなんする	そのばに いつづけると あぶないことが ある
3.つなみがきたら	あんぜんなばしょへ ひなんする	ひくいところにいると つなみにながされる きけんがある
4.きけんなじょうたいが おさまったあと	ひなんじょへ いく	あんぜんをまもるため
5.おうちにかえるのが あぶないとき	ひなんじょで しばらく せいかつします がっこうで せいかつ することもある	おうちがきけんなじょうたいに なっていることがあるため
6.あんぜんがかくにん できたら	おうちにかえることが できる	おうちであんぜんにくらせる ことがかくにんできたため

じしん

おさらいクイズ
ひなんのながれ

あてはまるえはどれかな？　えのばんごうを（　）のなかにかいてみよう

① ②

ひなんのながれをおぼえておこう

③ ④ ⑤

わかったひとは えの ばんごうを（　）のなかにいれよう

じしんにそなえる（　　）　じしんがおきた（　　　）
つなみがきた（　　　）
ひなんじょにいこう（　　）
あんぜんがかくにんできたらおうちにかえろう（　　　）

こたえ　じしんにそなえる ① じしんがおきた ② つなみがきた ③ ひなんじょにいこう ④ あんぜんがかくにんできたらおうちにかえろう ⑤

じしん

じしんがおきたとき
きをつけたいばしょ

じしんがおこるとちかづいてはいけないばしょ

やまでは どしゃくずれ が おこることがあります

たかいたてものでは ゆれやすくなります

がっこうのなか　ガラスが われたり たながたおれたり することがあります

いえのなか　ほんだな がたおれてきたり テレビがとんできたり します

いえのなか　ガラスが われることもあります

つうがくろで じどうはんばいきが たおれてきたり　かんばん が おちてきたりすること も あります

つよいじしんがおきる と はしがくずれること があります

あぶないばしょに ちかづいてはだめ だよ

44

じしんがおきたとき がっこうのなかでのひなん

じしん

がっこうのなかにいるときは ガラスからはなれて つくえのしたにかくれます

このあと どうやって ひなんすればいいかな？
このあと どうなるか かんがえてみよう

① ほかのこを おしのけて はしる

② おしゃべりしているので せんせいのこえがきこえない

③ きょうしつから あわててとびでて かいだんで ころんで けがをした

④ せんせいに したがってみんなと ひなんする

⑤ みんなせんせいにしたがっているのに ひとりでわすれものをとりにいく

ただしいとおもうえをえらんでね せいかいは一つだよ

せいかいは ④

じしん

じしんがおきたとき きをつけたいこと

おされてけがをしてしまったよ ほかの子も にげおくれそうになっているね

あわてて はしりだしたので かいだんでころんであしをけがしてしまったよ

おはなしに むちゅうで どこにいけばいいのかわからなくなってしまったみたいだね

わすれものが あっても あぶないばしょにもどると けがをしてしまうことがあるよ

せんせいのいうことをきいて みんな あんぜんなばしょにひなんできました

おうちの方、先生方へ　子どもたちに説明してあげてください

頭をぶつけたり、けがをしたりしたら、近くの大人に頭をぶつけたことやけがをしていることを伝えましょう。頭をぶつけると、そんなにいたくなくても、あとで気分がとても悪くなることがあります。けがをがまんをしていると、あとでけががひどくなることがあります。いたくなくても　手当てをすると早くよくなります。頭をぶつけたとき、けがをしたとき、気分が悪くなったときは、がまんせずに近くの大人にしらせましょう。

かじにきをつけよう

かじ

したのえをみながら かじについてかんがえてみよう

タバコ 　ライター 　マッチ 　花火 　アイロン 　コンロ 　ストーブ

ちかくにもえやすいものがあるとどうなる？

しんぶんしがそばにあると かじになるよ

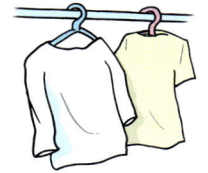

せんたくものがそばにあると かじになるよ

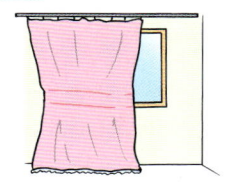

カーテンがそばにあるともえひろがるよ

あんぜんをまもってくれるものは？

しょうかき 　スプリンクラー 　みずにぬらしたハンカチ 　しょうぼうしゃ

しょうかきでひをけすよ

スプリンクラーがひをけしてくれる

みずにぬらしたハンカチがでけむりをふせぐ

しょうぼうしゃがひをけしてくれる

47

かじ

どうして かじになる？

したのえをみて どうしてかじがおきるか かんがえてみよう

① ひのついた たばこが おいてあります 
② ちかくに しんぶんが あります 
③ ひが ついて しまいました 
④ しょうかきで けしました

① ストーブが あります 
② ストーブのちかくに せんたくものが あります 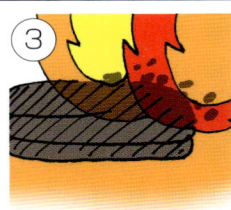
③ ひが もえうつりました 
④ ひが ひろがったのでにげています

① ライターを みつけました 
② おもしろがって ライターをつけています どうなるかな？ 
③ ひが もえうつりました 
④ ひで あそぶことはきけんです

おうちの方、先生方へ。③と④を隠して、この後、どうなるか子どもたちにたずねてみましょう。

48

はなびをするとき きをつけて

かじ

① こどもだけではなびをしているよ

② ひが くさにもえうつったよ

③ たいへん！かじになる

④

はなびをするときは かならずおとなといっしょにしましょう
また みずをよういしておきましょう

こんなとりくみもあるよ

「ひのようじん」とまちをあるいて よびかけるとりくみがあります
ようじんとは「きをつける」といういみです「ひのようじん」は「かじがおきないように ひにきをつけましょう」といういみになります かじがおこりやすいふゆに よくこのようなとりくみがおこなわれます

ちいきのひとが かじに きをつけましょうと よびかけます

いえのなかにいるひとは きをつけます

かじが おきないように することができました

49

かじ

ひじょうベルのやくわり

ひじょうベルのやくわりとちゅうい（いたずらはだめ！）

ボタンをおすと ほかのひとにきけんをしらせることができます
ボタンをおすと とてもおおきなおとがなります
みんなにきづいてもらうために おおきなおとをだすのです

なにもないときに いたずらでボタンをおしたらどうなる？

①
②
③
④

なにもないときに ボタンを おすと おおくのひとがこまります

50

ぼうかとびら ぼうかシャッターのまえでは あそばない

かじ

ぼうかとびらのやくわり

ぼうかとびらやぼうかシャッターは かじのときに ほのおをとおさないようにするためにあります かじがおこるとしまります
ぼうかとびらやぼうかシャッターのあるばしょであそんでいると なにかのはずみで とつぜんとびらやシャッターがしまってしまうことがあります はさまれるとおおけがをしてしまいます ぼうかとびらやシャッターのちかくであそんだり いたずらをしたりしないようにしましょう

ぼうかとびらのまえににもつをおくとどうなる？

1. とびらのまえに にもつがあるとき

| とびらのまえににもつがおかれています | かじがおきました | ぼうかとびらがしまりません | ほのおがもえひろがりました |

2. とびらのまえに にもつがないとき

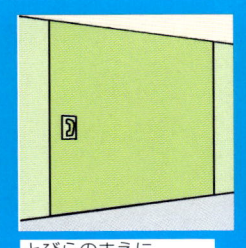

| とびらのまえににもつがありません | かじがおきました | ぼうかとびらがしまりました | ほのおをふせぐことができました |

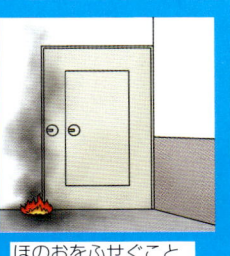

51

かじ

かじにきをつけよう

おうちの方、先生方へ
火事はちょっとした油断から起こるということを子どもたちに伝え、火事の原因が何かということを子どもたちに教えてあげてください。

タバコ しんぶんしがもえているよ

おなべ おなべからけむりがでているよ

ストーブ ふくにひがついているよ

かさいけいほうき けむりやひがあるとしらせてくれます

しょうかき ひをけすためにつかいます

けむり けむりをすうととてもくるしくなります

かじのときのひなん

かじ

かじがおきたらけむりをすわないように
きをつけよう

ぬれたハンカチをようい
します

ぬれたハンカチをくちに
あててすわないようにします

けむりをすうと くるしく
なります

あたまをひくくして ハンカチをくちに
あてて けむりをすわないようにします

おうちの方、先生へ
火事からの避難で一番大切なことは煙を吸わないようにするということ、
なぜ吸うといけないのかを子どもたちに教えてあげてください。

53

かじ

かじのときのひなん

きゅうじょぶくろ

ひなんようのはしごがよういされているたてものもあります

エレベーター

とちゅうでとまってしまい にげられなくなることがあります かいだんをつかいましょう

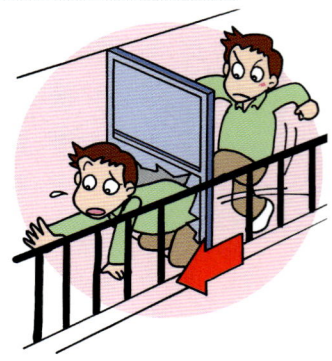

けやぶりと

にげるときに けむりをすわないようにするにはどうすればいいか かんがえてみましょう

たいふうがくるとどうなる？

たいふう

たいふうがくると
つよいかぜがふき
たくさんあめがふります

とんできたものにあたると
けがをしてしまいます

つよいかぜがふくと
まちにあるものがとばされ
ることがあります

あめがたくさんふると　かわのみずが
あふれだすことがあります

みずがたくさんある ようすいろなどに
ちかづくと　みずにながされておぼれる
ことがあります

どうろにみずがあふれると　いえのなか
にみずがはいってくることもあります

おうちの方、先生方へ
台風がきているときに外に出るととても危険だということを子どもたちに教えてあげてください。
また、学校が休校になっても、危険ですから外で遊ばないよう指導してあげてください。

55

たいふう

たいふうのときは どんなきけんがおこる？

台風のまんなかの部分を台風の目といいます。台風の目の部分では、雨や風が弱くなります。青空が見えることもあります。でも、台風の目が通りすぎてしばらくすると、また強い風がおそってきます。
風が弱くなったからといって、外に出てはいけません。台風が通りすぎるまで 安全な場所にいましょう。

たいふうのときはどんなきけんなことがおこる？

おおあめでどうろがみずびたしになります

つよいかぜがふき かさがさせなくなります

たいふうにきをつけようね

あふれたみずで マンホールのあなにおちることがあります

おうちの方、先生方へ
台風がくると風が強くなり強い雨が降り、洪水や強風による被害が起こり、危険だと子どもたちにしっかり教えてあげてください。台風がきたら外に出ないよう気を付けてあげてください。

たいふうがきたときの まちのようす

たいふう

たいふうのときには かみなりがおちることもあります

山 やまでは つよいかぜやあめで どしゃくずれがおこることがあります

木や電柱 きやでんちゅうがたおれることもあります

街中 かぜでいろいろなものがとばされてきます あたるとけがをします

街中 あめでみずびたしになります

街中 はしがこわれてしまいます

街中 いえのなかにみずがはいってきます

たつまき

おうちの方、先生方へ
竜巻は、突然やってきます。
竜巻の怖さ、また、知識を子どもたちに教えてあげてください。

たつまきがくるまえにはきゅうにそらがくらくなることがあります

つよいかぜがふいてかみなりがなることがあります

おおつぶのこおり（ひょう）が そらからふってくることがあります

※このような前兆がなく、突然、竜巻が起こることがありますので注意してください。

たつまきちゅういじょうほう がでたとき

たつまき

◆たつまきちゅういじょうほうがでているときは そとにでないようにしましょう
◆たつまきがきそうになると テレビなどでたつまきちゅういじょうほうがでます
◆そとにいるときは がんじょうなたてもののなかにひなんします
◆たつまきちゅういじょうほうがおわるまで あんぜんなばしょでまちます

がんじょうなたてもののなかにひなんします かるいたてものだと とばされてしまうことがあります

とんできたものがあたって まどがわれることがあります

まどやカーテンをしめて まどからはなれましょう

59

こうずい

◆強い雨が降ると、川の水が増えて町に流れ出てくることがあります。これを洪水といいます。
◆川には、水があふれ出さないようにするための堤防があります。しかし、たくさんの水があふれると、堤防が壊れることもあります。橋が壊れてしまうこともあります。
◆道路に水が流れると、歩くのがとても危険になります。
◆車が水につかると、壊れて動けなくなることもあります。
◆車のドアが水の力で開かなくなって、閉じこめられてしまうこともあります。
◆家の中まで水が入ってくることもあります。
◆川の水が増えている時は、水のある場所に近寄らないようにします。おもしろそうだからといって、様子を見に行ってはいけません。安全になるまで、避難所に泊まらなければいけないこともあります。

こうずいになるとどうなる？

こうずい

つよいあめがふると みずのいきおいでやまがけずれてしまうことがあります

おおあめには きをつけようね

たくさんのみずといっしょに つちやいしがながれてくることがあります これを どせきりゅうといいます どせきりゅうにまきこまれると いえがこわれてしまうこともあります

ひなんするときは できるだけかわのちかくや はしのちかくにはちかよらないようにします
つよいあめがふって こうずいやどせきりゅうがおきそうなときは あんぜんなばしょにひなんします

あんぜんになるまで ひなんじょにとまらなければいけないこともあります

こうずい

こうずいになるとどうなる？

おおあめでふえたみずがやまをけずって つちやいしがながれてくることがあります
まきこまれると いえがながされたりこわれたりすることもあります
やまがけずれて どうろがふさがってしまうこともあります

くるまがみずにつかると こわれてうごかなくなることがあります ドアのいちまでみずがくると おとなのちからでもドアがあかなくなります

まちのなかにみずがながれてくると どうろをあるくのもきけんです いえのなかに みずがはいってくることもあります みずでドアがあかなくなることもあります
ていぼうがこわれることがあります
はしがこわれてしまうこともあります ひなんするときには はしはとおらないようにします

おうちの方、先生方へ
洪水によって道路が水に浸かり、家や橋、様々なものが水によって壊されてしまうということを子どもたちに教え、洪水や土石流、山崩れが起きそうな時は避難所に避難するということを教えてあげてください。

かみなり

そらがとつぜんひかって
おおきなおとがなること
をかみなりといいます
かみなりがおちることを
らくらいといいます
そらにみえるかみなりの
ひかりのことをいなずま
といったり いなびかり
といったりします

◆かみなりがなるときは つよいあめがふることがおおくあります
◆かみなりといっしょにあめがふることを らいうといいます
◆かみなりのしょうたいは でんきです
◆かみなりがちかくにおちると いえがもえたり かんでん（でんきでしび
れること）したりします かみなりがひとにおちると かみなりのでんきが
しんぞうにながれて しんぞうがとまってしまうことがおおくあります
しんぞうがとまらなくても やけどをしてしまうのでとてもきけんです
◆かみなりがいえにおちると ていでんすることもあります
◆ひかってから かみなりのゴロゴロというおとがきこえるまで すこしじか
んがかかります
◆おとはひかりよりもゆっくりすすむので ひかってからおとがきこえるまで
すこしじかんがかかるのです
◆ひかってからおとがなるまでのじかんがみじかいと ちかくでかみなりが
なっているということになります

かみなり

かみなりのせいしつ

かみなりはたかいもののうえにおちやすいせいしつがあります

まわりにたかいたてものがない ひろいこうえんにたっているととてもきけんです

ひろいばしょにいるときにかみなりがなったら しせいをひくくして おおきなたてもののなかににげましょう

テントのなかや ちいさなこやなどは かえってきけんです

たてもののなかでは まどやかべ でんきをつかうもの（ぱそこんやてれびなど）のそばからはなれます

ちかくにたてものがないばあいは とまっているくるまのなかにはいって とびらをしめて かみなりがとおりすぎるのをまってもいいです

ちかくにたてものやくるまがないばあいは たかいきからはなれてしせいをひくくして かみなりがとおりすぎてからあんぜんなばしょにいどうします

たかいきにはかみなりがおちやすいので たかいきのしたであまやどりをするのはきけんです こうえんのやねつきベンチもかみなりのときはきけんです

64

かみなりがなるとどうなる？

かみなり

かみなりがなったらきをつけたいこと

昔は、雷に打たれた人の金属の持ち物が溶けることが多かったので、雷は金属に落ちやすいと思われていました。でも、金属を持っていても、雷の落ちやすさは変わりません。雷は、高いところに落ちやすいと覚えておきましょう。ゴムでできたものは電気を流しにくいので、安全だと思っている人もいますが、これは間違いです。
雷の時は、ゴムの手袋や靴を身に付けていても、効果はありません。

おうちの方、先生方へ
かみなりのしくみやかみなりが鳴った時の行動を普段から子どもたちに教えておいてください。
危険な場所に近づかないことの大切さ、安全を確保するための行動など、子どもたちの理解を深めておくことが重要です。

かみなり

かみなりにきをつけよう

にゅうどうぐも

夏になると、むくむくと山のような雲ができることがあります。このような雲を入道雲といったり、積乱雲といったりします。入道雲が近くにやってくると、大雨が降ったり雷が鳴ったりします。
この形の雲が近くに見えた時は、晴れていても外に出ないようにしましょう（入道雲は夏によくみかける雲です）。雷は夏によく起こりますが、冬に起こることもあります。

ひらいしん

これは、避雷針といいます。避雷針を作り、雷が他の場所に落ちないようにしています。避雷針があっても、電信柱や木などに雷が落ちることもあるので、雷が鳴っている時は外で遊ばないようにしましょう。雷が落ちた場所の近くにいるのも危険です。落ちた場所の近くにいると電気が人の体の中に流れてきます。

◆高い木の近くは危ない
雷は高いものに落ちやすいので、背の高い木の近くにいるのは危険です。近くに高いものがない場所は危険（堤防の上など）。近くに高いものがない場所では、雷が落ちる危険が高くなります。
◆パソコン
雷が家に落ちると、パソコンやテレビなど、電気を使うものに雷の電気が流れてしまうことがあります。雷の電気が、パソコンやテレビに流れると、こわれてしまうこともあります。

かざんがふんかすると

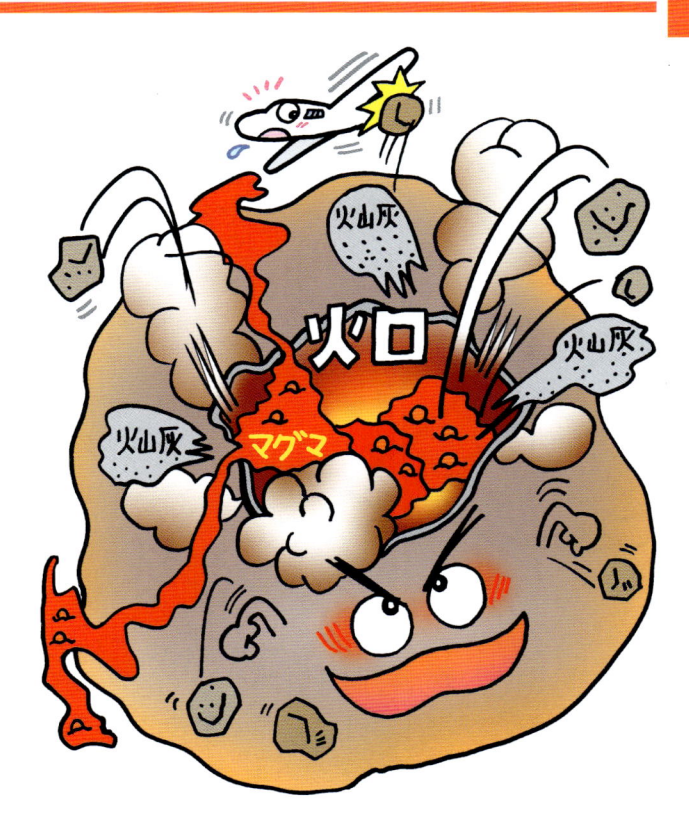

かざん

かざんがふんかすると

- ◆ようがんやガスが かこうからでてきます
- ◆まちにながれてくると きけんです
- ◆いしがそらからふって くることもあります
- ◆かざんばいが ふってきます
- ◆くるまがうんてんしにくくなります
- ◆せんたくものが よごれます
- ◆めやくちにはいると くるしくなります

かざん

かざんがふんかするとどうなる？

にほんにはたくさんのかざんがあります
ふじさんも　かざんのひとつです
かざんのちかくにはあついまぐまがあるので　ちかくにはおんせんとよばれるあたたかいみずがわいてでてくることがあります

◆火山が噴火すると、岩が空から降ってきたり、温度の高いガスが噴き出したり、熱い溶岩が流れてきたりするので危険です。空から石や岩が落ちてきて、車や建物を傷つけることがあります。
◆火山が噴火すると、火山灰が近くの町にも降りそそぎます。火山灰が降ってくると洗濯物が汚れたり、車の運転がしにくくなったりします。火山灰が飛行機のエンジンの中に入り込むと、故障の原因にもなります。
◆火山の噴火で流れ出したドロドロの溶岩やガスが人の住んでいる場所に流れてくると、とても危険です。
◆火山が噴火しそうな時には、安全な場所に避難します。
◆火山の噴火がおさまるまで、避難所で生活することもあります。

かざんのふんかにそなえて

かざん

かざんばいがふっているときは
できるだけいえのなかにいる
そとにでるときは ますくや
めがね（ゴーグル）をつける

ふんかしそうなときは
あんぜんなばしょにひなん
する

かざん

かざんのちしき

かこう
ふんかするぶぶんをかこうといいます

ドッカーン

ガス

火山灰

溶岩流

ようがんりゅう
かさいりゅう・
ひとのすんでいるところまでながれてくるときけんです

そとにほしているせんたくものがよごれてしまいます

かざんばいでひこうきがこしょうしたり くるまをうんてんしにくくなることがあります

ひなんじょのせいかつ

ひなんじょ

おうちの方、先生方へ
避難所での生活で気を付けなければならないこと、安全であること、時には楽しいことなど、子どもたちに正確に嫌気を起こさせないように話してあげてください。

避難所の生活　子どもたちに読んで説明してあげてください
◆大きな災害が起きると、安全に暮らすために、避難所でしばらく生活することがあります。
◆災害でおうちや建物がこわれると危ないので中に入れません。
◆建物が直るまで、安全な場所で暮らすことになります。
◆避難所では、多くの人と生活することになります。
◆多くの人と同じ場所で寝ることになります。
◆好きなテレビ番組も見られないかもしれません。
◆そのうちおうちや建物が安全に使えるようになります。
◆安全に暮らせるようになれば、またおうちに帰ることができます。
◆おうちで暮らせるようになれば、好きなテレビも見ることができます。

ひなんじょ

ひなんじょのせいかつ

さいがいがおこると

こわれかけたたてものに
はいると？

とつぜんたてものがくずれることが
あります

こわれていないたてものなら だいじょうぶ？

どしゃくずれがおきたり つなみ
などがくることがあります

あんぜんがたしかめられるまで
ひなんじょでせいかつします

いつまでひなんじょに
いなければいけないの？ → あんぜんにくらせるようになれば
おうちでせいかつすることができ
ます

ひなんじょのせいかつ

ひなんじょ

がっこうがひなんじょになると

さいがいがおこると がっこうがひなんじょになることがあります
がっこうがひなんじょになると おおくのひとがっこうでせいかつするようになります さいがいがおちつくまで じゅぎょうができなくなることがあります
いつもとはちがうばしょで じゅぎょうをすることもあります

ひなんじょには けいじばんがおかれ さまざまなじょうほうがつたえられ かぞくのゆくえがかかれていたりします

ひなんじょには きゅうえんぶっしが とどけられ それがひなんしゃをたすけます

ひなんじょのがっこうには たくさんのひとがあつまってきます
みんな なかよく さいがいがおちつくまでくらします

ひなんじょでは せきにんしゃのしじに したがいます

ひなんじょ

ひなんじょのようす

- ◆ひなんじょではしきりをつくって おちついてやすめるようにしています
- ◆テレビがおいてあることがあります みんなでみているので みたいばんぐみはみられないかもしれません
- ◆おとしよりや からだのよわいひともいます
- ◆あかちゃんもいます
- ◆おおきなおなべのなかにはいったりょうりをくばっています たきだしと いいます
- ◆きまったばしょにあるトイレを みんなで使います
- ◆おふろにはしばらくはいれないことがあります おふろのじゅんびができるまで タオルでからだをふいたり みずのいらないシャンプーをつかってからだをきれいにしたりすることがあります くみたてしきのおふろにはいることもあります
- ◆けいじばん ひなんじょにいるひとへのおしらせがのっています
- ◆きゅうえんぶっし ひなんじょでこまっているひとをたすけるためにおくられてきたものです。たべものやふくなどがあります。

えをみてかんがえよう

ひなんじょ

おうちのせいかつとひなんじょのせいかつは どこがちがうかな
ちがうところをおうちのかたやおともだちと はなしあってみよう

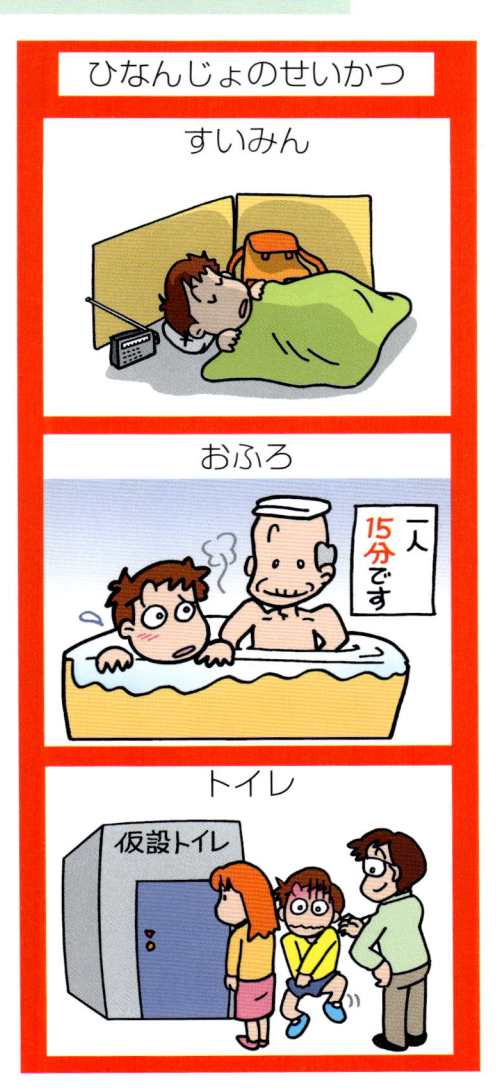

おうちのせいかつ

すいみん

おふろ

トイレ

ひなんじょのせいかつ

すいみん

おふろ

一人 15分です

トイレ

仮設トイレ

ひなんじょ

ひなんじょにあるものの やくわり

ひなんじょのせいかつでよくつかうもの

まじきり ひなんじょにいるひとがおちついてくらせるようにかんたんなかべをつくっています

かせつトイレ かんたんなつくりのトイレです

かせつぶろ かんたんなつくりのおふろです

けいじばん ひなんじょにいるひとにおしらせしたり ひなんじょのひとがつたえたいことをかいたりするいたです

さいがいにそなえよう

ひなんじょ

おうちの方、先生方へ
指定されている避難所の外観、中の様子の写真や映像があると、より想像しやすくなります。また、新聞などで避難所に避難している人の写真や映像を見せて実際の避難の様子を知ることも有効です。可能であれば用意してあげましょう。

◆ひなんじょでくらすときに どんなものがいるかかんがえてみましょう
◆さいがいがおきたときにもちだせるように ひじょうもちだしをよういしてみましょう
◆じゅんびしたものをじっさいにもってあるいてみよう
　ふくろがおもすぎると ひなんするときつかれてしまいます いろいろいれすぎて おもくなっていないか たしかめてみます

ひじょうもちだしのれい

ひなんじょ

ひなんじょでは どうすごす？

えをみてかんがえよう

ひなんじょではおおくのひとがいます ほかのひとがこまらないようにすごすには どうすればいいかな

ひなんゆうどうしているひとがいたらどうする？

バケツリレーをしていたらどうする？

たきだしで わりこみしているひとがいたらどうする？

テレビやラジオをきくとき どうする？

おとしよりがいたらどうする？

おうちの方、先生方へ
避難所はどういうところか、どんな人が集まっているか、子どもたちに詳しく話してあげてください。

コミュニケーションボードの つかいかた

ボード

じぶんのきもちをつたえるために

だれでもこわいめにあうとびっくりしてしまいます
おどろいたときやあわてているときはこえがだせなくなることがあります
うまくじぶんのきもちをつたえられないことも あります
そういうときは このようなボードをつかってきもちをつたえることができます
あそびながらきもちをつたえるれんしゅうをしてみよう

コミュニケーションボードはかんたんにつくれるよ

うまくことばがでないとき コミュニケーションボードがやくにたつ

つぎのページにみほんがあるからさんこうにしよう

コミュニケーションボード

はい	いいえ	わからない
くるしい	かぞく	さがす
たべる	のむ	ほしい
でんわ	ねる	つかれた

コミュニケーションボード

ボード

かなしい	イライラ	おとこ
おんな	せんせい	テレビ
おかね	とけい	おもちゃ
からだ	トイレ	おふろ

81

ボード

でんごんゲーム

ボードを使って伝言ゲームをしよう

ゲームの説明

はじめに順番を決めます

↓

1番目の人は次の中から伝えたいことを選びます

↓

おなかがすいたよ
トイレはどこかな
足をけがしたよ
その他（みんなで考えてみよう）

足など体の部分を伝える時は、体の絵を使って指で指し示しましょう。

1番目の人は説明役になります

↓

2番目の人は聞き役になります
聞き役の人は説明役の人に「どうしたの？」と話しかけます

↓

説明役の人は声を出さずにボードを使って気持ちを伝えてみよう

顔の表情や体のしぐさを使ってもかまいません
聞き役の人は尋ねる時にボードを指さして
「これでいい？」とだけ言うことができます

でんごんゲーム

ボード

ボードを使って伝言ゲームをしよう

ゲームの説明

伝わったと思ったら選手交代です

↓

今度は2番目の人が1番目の人と同じように説明役になります

↓

1番目の人から伝えてもらった気持ちを3番目の人に伝えます

↓

これを順番の最後の人がくるまでくりかえします

↓

最後の人は正解だと思うことを声に出して言います
うまく伝わるかな

おうちの方、先生方へ
実際にゲームを行うことが重要です。家庭で、学校で、子どもたちと共に楽しく伝言ゲームを行ってください。自分の気持ちがうまく伝えられない子どもたちでも、このゲームを行えば、気持ちを伝えることができるようになります。ゲームの楽しさ、自分の気持ちを伝えることの楽しさを子どもたちに感じてもらえたら、伝言ゲームは成功ですし、災害の時、きっと役立ちます。

ボード

さいがいじに どんなことをつたえる？

災害時にはどんなことを伝える必要があるかな

どんな絵が必要か、考えてみよう

絵をかいて、ボードをつくろう

１番目の人は次の中から伝えたいことを選びます

つくったボードを使う練習をしてみよう
（言葉を使わずに伝えてみよう）
「のどがかわいた」「おなかがすいた」「道に迷った」
「おうちの人をさがしている」

絵をかいて、ボードをつくろう

どうすればうまく伝わるか考えてみよう

避難所には耳の遠い人、外国の人もいます
災害のショックで　うまく話すことができなくなる人もいます

言葉が通じないと、どんなことで困るか、考えてみよう

おうちの方、先生方へ
災害が起きた時、あわてないように、普段からこうした練習をゲーム感覚でしておきたいものです。伝言ゲームは、子どもたちが自分の気持ちをどうすれば伝えられるか、考えるきっかけになるゲームです。

じしんからみをまもる
れんしゅうをしよう

れんしゅう

いろいろな練習方法があるよ

■枕や防災ずきんを使って、
　頭をかばう練習をしてみよう
■机にかくれる練習をしてみよう

《練習１》
安全な場所をさがそう
１．おうちや学校であたりを見まわして、
　　地震が起きたとき、どこが安全かさがしてみましょう。
２．おうちの人、先生が「ぐらぐら！」と言ったら、安全な場所に移動
　　します。
３．地震が起きてもすぐに安全な場所が見つけられるように、いろんな
　　場所で安全な場所に移動する練習をしてみましょう。

《練習２》
地震でぐらぐら！とゆれたときのために、机の下にもぐる練習をしましょう。
１．おうちの人、先生が「ぐらぐら！」と言ったら、しゃがんで低い姿
　　勢をとります。
２．机の下にもぐります。
３．（おうちの人、先生がゆれがおさまったと言うまで）待ちます。

れんしゅう

じしんからみをまもる
れんしゅうをしよう

頭を守る練習をしておこう

《練習3》
近くにあるもので頭を守ろう。もぐりこめる机などが近くにないときは、ほかの方法で頭を守ることも大切です。
これはそのための練習です。

1. 枕や座布団、かばんなど頭を守ることができそうなものを用意します。少しはなれた場所にいくつか頭を守れそうなものをおきます。

2. おうちの人、先生が「ぐらぐら！」と言ったら、頭を守ることができそうなものをさがします。
さがすときには、ガラスの近くなど危険な場所には行かないように気をつけます。

3. 見つけたらものを頭の上にもっていって、手でささえます。

4. 見つけたものを頭にかぶせたまま、玄関までいけたら成功です。

おうちの方、先生方へ
人の体の中で、災害時、とりわけ注意したいのが頭にものが当たらないようにするということです。頭を守る大切さを子どもたちにしっかりと教えてあげてください。

じしん・つなみ
ひなんマップをつくろう

マップ

おうちの方、先生方へ
用意する地図は市販の地図や各自治体で配布されている地図でも構いませんし、もちろん、手書きの地図でもかまいません。プリンターをお持ちの場合は、Googleの地図検索サービスを利用して、近くの地図を印刷したものでもかまいません。

用意するもの

地図、鉛筆、色鉛筆、時計

◆地図をみて、近くにある学校、避難所、病院、警察、消防署、電車の駅に、色鉛筆で○をつけます。
◆近くに海がある場合は、色鉛筆で、海のある方角になみ線を引きます。
（海の場所がよくわからないときはおうちの人に聞いてみましょう）
◆津波がきたときに、逃げることができる建物はどこにあるか考えてみましょう。
◆近くにある高い建物に鉛筆で◎のしるしをつけます。
◆どの道を通れば、おうちから避難所や高い建物にたどりつけるか、指でなぞってみましょう。
◆学校や近くのお店などよくいく場所から避難所へいく道も考えて、指でなぞってみます。

子どもたちと一緒に災害を想定したマップ作りを行ってください。

マップ

じしん・つなみ
ひなんマップをつくろう

マップを作ったら試してみよう

◆避難する道を見つけたら避難場所までどれくらいの時間がかかるか、予想しましょう。

地図を持ってでかけよう

◆地図を見て、さがした道を通って避難にかかる時間を調べよう。
◆おうち（学校）から、近くの避難所や高い建物をめざして出発します。
◆出発から到着まで、どれくらいの時間がかかったか調べてみましょう。
◆時間がわかったら色鉛筆で通った道に色をつけて、かかった時間を書きこんでみましょう。
◆けがをすると危ないので、あわてないようにしましょう。
◆車にひかれないように安全を確認しましょう。
◆マンションなどに住んでいる場合、エレベーターを使わずに、階段で1階までおります。おうちを出てから1階まで、どのくらい時間がかかるかも調べます。
　（時間があれば、よく行くお店から避難所までの時間もはかってみましょう）

> 実際に地図を持って歩いて予行しておけば、いざというとき安心です

じしん・つなみ
ひなんマップをつくろう

　　　　　　　　帰り道

帰り道は、まわりをゆっくり見まわします。ブロックべいや自動販売機など、地震が起きたら倒れてきそうなもの、植木鉢や看板、屋根瓦など、上から落ちてきそうなもの、地震が起きたときにガラスが割れて降ってきそうな窓のある建物、塀が崩れると、通れなくなりそうな、狭い道、橋、崩れてきそうな崖などがないかしらべます。
このような危険な場所を見つけたら、地図に△のしるしをつけます。
案内板など、避難のときに目印になりそうなものには●のしるしをつけます。
夜に避難するときに光って目印になりそうなものには★のしるしをつけます。
津波がきたときに、逃げこめそうな高い建物があれば◎のしるしをつけます。

おうちの方、先生方へ
写真や動画で気になる場所を撮影しておき、後で、画像や映像を見ながら気づいたことを話し合うのも効果的です。

おうち（がっこう）へかえってから

マップ

> 地図をみて話し合おう

- ◆地図に書きこんだしるしを見て、話し合います。
- ◆はじめに考えていた道より、もっと安全な道はないか、みんなで話し合ってみましょう。
- ◆出かける前に予想していた時間と調べた時間を比べてみましょう。
- ◆どうすれば安全に避難できるか、気付いたことを話し合います。
- ◆雨が降ったときや夜中に避難するときなど、どうすれば安全に避難できるか、考えてみましょう。
- ◆話し合って気付いたことがあれば、地図に書きこみます。
  気付いたことを全部書きこんだら、避難マップの完成です。
  でき上がった避難マップは おうちの中でみんながよく見える場所に貼りましょう。

> 災害時、あわてないように避難マップをしっかり確認しておきましょう

（ぼうさいはかせ）

おうちの方、先生方へ

コピー機があれば、縮小コピーして作った地図を人数分作ってみてもいいでしょう。
右記（91ページ）の表をコピーして書き込み、地図に貼っておくとより便利な地図になります。

おうち（がっこう）へ
かえってから

マップ

じかんをしらべてほぞんしておこう

から　　　　　　までのじかん　（　　　　　）
から　　　　　　までのじかん　（　　　　　）
から　　　　　　までのじかん　（　　　　　）

ひなんじょ　　　　（　　　　　　）
つなみひなんビル　（　　　　　）（　　　　　　）（　　　　　　　）
はなればなれになったときのしゅうごうばしょ　（　　　　　　　）

れんらくさき

なまえ	れんらくさき (がっこうめい・かいしゃめい)	でんわばんごう	そのほか

おうちの方、先生方へ
災害時に備えて、いざという時の連絡先、距離と時間を調べておくようにしてください。災害時に役立ちます。

じてん

さいがいじてん　1

さいがい			
さいがい	じしん	31	じめんがぐらぐらゆれることをじしんといいます
さいがい	つなみ	20	うみのみずがおおきなかたまりになっておそってきます　じしんのあとにおこることがあります
さいがい	かじ	47	たてものやたてものにあるものにひがついてもえることをかじといいます　かさいともいいます
さいがい	たいふう	55	とてもつよいかぜがびゅうびゅうふいて　たくさんのあめがふることをたいふうといいます
さいがい	たつまき	58	くうきがうずまきになって　つよいかぜがおこることをたつまきといいます
さいがい	きょうふう	56	つよいかぜのことをきょうふうといいます
さいがい	おおあめ	22	たくさんあめがふることをおおあめといいます
さいがい	ごうう	22	とてもつよいあめがふることをごううといいます　せまいちいきにとつぜんつよいあめがふることをげりらごううということもあります

さいがいじてん　2

じてん

さいがい こうずい	22	かわのみずがあふれて まちにながれてくることをこうずいといいます
さいがい どしゃくずれ	19	やまなどで つちやすながけずれておちてくることをどしゃくずれといいます
さいがい ふうすいがい	22	つよいかぜやおおあめでおこるさいがいのことを ふうすいがいといいます
さいがい おおゆき	22	ゆきがたくさんふることをおおゆきといいます
さいがい なだれ	23	やまからたくさんのゆきがくずれておちてくることをなだれといいます
さいがい ふんか	67	かざんからいわのかたまりやようがんがとびだすことをふんかといいます
さいがい ようがんりゅう	70	どろどろにとけたようがんがながれでてくることをようがんりゅうといいます
さいがい かさいりゅう	70	おんどのたかいガスやかざんばいがながれてくることをかさいりゅうといいます

さいがいじてん　3

さいがい	どせきりゅう	62	つちやいしがみずにながされて　ながれてくることをどせきりゅうといいます
さいがい	かざんばい	70	ふんかでふきだしてきたもののうちちいさくてこまかいはへんのことをかざんばいといいます
ばしょ	ひなんじょ	71	さいがいがおきたときにひなんするあんぜんなばしょです
ばしょ	かせつじゅうたく	71	じしんなどでいえがこわれてしまったひとがせいかつするおうちです
ばしょ	びょういん	13	けがやびょうきをなおすばしょですおいしゃさんやかんごしさんがいます
ばしょ	けいさつ	13	みんなのあんぜんなくらしをまもってくれるところです
ばしょ	こうばん	13	おまわりさんがいるばしょです　みんなのあんぜんをまもってくれます
ばしょ	こども110ばんのいえ　おみせ	13	こわいことがおきたときにたすけてくれるいえやおみせです

さいがいじてん　4

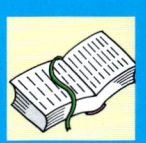

ばしょ	しょうぼうしょ	13	かじをけしたり　かじがおきないようにするばしょです　しょうぼうしゃやきゅうきゅうしゃがまっています
ばしょ	エレベーター	54	さいがいがおこったときはとじこめられてしまうことがあります
ばしょ	ひじょうかいだん	27	ひなんするときにつかう　かいだんです
ばしょ	ひじょうぐち	27	ひなんするときにとおるでぐちです
ばしょ	ぼうかとびら	51	ほのおがもえひろがらないようにみちをふせぎます
のりもの	しょうぼうしゃ	47	かじをけす　くるまです
のりもの	はしごしゃ	47	かじのときに　はしごでひとをたすけてくれます
のりもの	きゅうきゅうしゃ	106	けがやびょうきをしたひとをびょういんにはこんでくれます
のりもの	パトカー	13	こわいことがおきたときにかけつけてくれるくるまです
じょうほう	そくほう	16	さいがいなどがおきたときにしらせてくれます

さいがいじてん　5

じょうほう	**ちゅういほう**	125	さいがいがおきそうなときに　ちゅういするようにおしえてくれます
じょうほう	**けいほう**	125	さいがいがおきそうなときに　ちゅういするようにおしえてくれます　ちゅういほうよりも　きけんなときにでます
じょうほう	**ひなんかんこく**	125	さいがいできけんなことがおきそうなときに　ひなんするようにおしえてくれます
ぼうさい	**ひじょうベル**	50	さいがいなどのきけんをしらせてくれます
ぼうさい	**かさいけいほうき**	52	かじがおきたときにしらせてくれます
ぼうさい	**すぷりんくらー**	47	かじがおきたときに　みずをだしてひをけします
そなえ	**ひじょうしょく**	77	さいがいがおきたときに　たべるたべものです
そなえ	**でんち**	77	でんきでうごくどうぐをつかうときにつかいます
そなえ	**くすりばこ**	29	くすりやほうたいなどをいれておくはこです

96

さいがいじてん　6

じてん

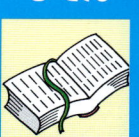

そなえ	**ひじょうもちだしぶくろ**	77	さいがいがおきたときに すぐにもちだせるようにしておくためのふくろです
どうぐ	かいちゅうでんとう	29	くらいところをあかるくしてくれます
どうぐ	けいたいでんわ	27	でんわをかけたり さいがいのじょうほうをしったりすることができます
どうぐ	らじお	29	さいがいのじょうほうをきくことができます
どうぐ	ぼうさいずきん	29	おちてくるものからあたまをまもってくれます
ひと	おまわりさん	13	こわいこと あぶないことからみんなをまもってくれます
ひと	おいしゃさん	13	びょうきやけがをなおしてくれます
ひと	かんごしさん	13	びょうきやけがをしたときにおせわになります
ひと	しょうぼうしさん	47	かじがおきたときに ひをけしたり たすけてくれたりします

97

さいがいじてん　7

できごと	ていでん	35	でんきがきえて つかえなくなることです さいがいがおこるとていでんになることもあります エレベーターなどもとまってしまいます
できごと	だんすい	35	みずがでなくなることです おおきなさいがいがおこるとだんすいすることがあります
でんわばんごう	110ばん		じけんやじこがおこったときにかけます
でんわばんごう	119ばん		びょうきやけがをしたひとがいるとき かじがおきたときにかけます

ことばをおほえると
さいがいのとき やく
にたつよ

98

ぼうさいしんぶんを つくろう　できるかな？チャレンジ

しんぶん

さいがいについてしらべたことをしんぶんにしよう

さいがいについてしらべたことをしんぶんにして おうちやがっこうでみんなにもおしえてあげよう

つくりかたのれい
（レイアウトのサンプル、要素の組み合わせで新聞ができるように）

ぼうさいしんぶん
- 「　」ってどんなこと？
- 「　」がおきるとどうなる？
- こんなことにきをつけよう
- あんぜんのためにはどうすればいい？
　（どんなものがやくだつ？）
- ぼうさいまっぷ

あいてるところにおもったことをかいて しんぶんをつくってみましょう

えをかいたり しゃしんをはったりして わかりやすくしてみましょう

用意するもの
大きめの紙、ボールペン、マジック、色鉛筆、写真など。

おうちの方、先生方へ
新聞を作ると災害の様子がよくわかります。子どもたちと一緒に災害について話しながら子どもたちの新聞作りを手伝ってあげてください。

ぼうさいしんぶんをつくろう　できるかな？チャレンジ

しんぶん

> テーマを分けて新聞をつくろう

おうちの方、先生方へ
低学年の子の場合、自分の力で調べて発表するのは難しいと思います。
ある程度防災について学んだ後、ふりかえり学習として新聞作成をするという形の方がよいでしょう。
レイアウトを子どもに考えさせるのは難しいので、おおまかな形やトピックをあらかじめ決めておきます。文章で説明しなくても、絵や写真を使っても結構です。
学校の授業で行う場合は、班ごとに、地震、火事、台風、洪水などテーマを分けて新聞を作成し、お互いに教えあう形をとってもよいでしょう。
ここでの目標は、学んだことを他の人に伝えること、自分の発表が他の人の役に立ったと実感することです。内容のよしあしではなく伝えようとする気持ちを支援してください。

ぼうさいポスターをつくろう

ポスター

思ったことをのびのび描こう

むずかしくかんがえなくても
だいじょうぶ
まなんできたことのなかから
こころにのこったことをおもいだ
してみよう
どうすればみんながあんぜんにく
らせるか かんがえてみよう

用意するもの

画用紙、絵の具やクレヨン
など。

おうちの方、先生方へ

ポスターは一目でなにを伝えたいかわかるように描くと印象的になります。火の元注意など、言いたいことを一つに絞るとわかりやすくなります。
思ったことを紙いっぱいにのびのび描くように指導するとテーマがはっきりした絵になりやすいです。
何を描いていいかわからないときは「ひのようじん」「おちついてひなんしよう」など、いくつか具体的なテーマを与えてもいいでしょう。
何を描いてもどんな描き方をしてもいいところを見つけてほめてあげましょう。上手な絵を描くことが目的ではありません。絵を描いて人に伝えるという体験を通して防災を身近に感じること、他者の安全を考えてほめられる経験をすることが大切です。

カード

ぼうさいカードの遊び方

防災カードの遊び方1

◆この遊び方ではまずおとなの方が災害カードを選んでおきます。
◆地震なら地震のカードを置いておき、場所のカードを選びます。
◆安全を守る方法をお子さんと一緒に考えて、また、次の場所のカードを選びます。
◆同じ災害でも場所が変われば対処法が変わることに気づかせます。
◆カードのページをコピーして必要な部分をはさみで切り取ることで、授業内配布用プリントのイラストとしてご利用していただくこともできます。

災害カード

状況カード

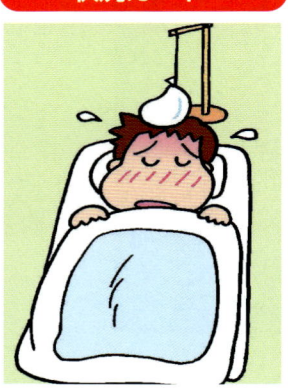

場所カード

遊びながら安全を守る方法をよーく考えてみよう

ぼうさいはかせ

ぼうさいカードの遊び方

防災カードの遊び方2

◆カルタのように説明カードをよんで当てはまる絵を探すゲームもできます。
◆いろいろな遊び方がありますが、まずはカルタ風に説明します。カードを読んで絵や言葉の意味を学ぶところから始めるとわかりやすいでしょう。
◆これに慣れてきたら、絵の組み合わせ遊びをします。
◆《組み合わせ遊び》
　災害のカードと場所のカードの二種類、カードの組み合わせで安全を守る方法を考えます。慣れてきたら、さらにハプニングカードを加えるなど複数の種類で行うこともできます。
◆遊び方はまず、場所のカードから、目をつぶって適当に選びます。
◆カードは子どもが選んでも大人が選んでも構いません。あらかじめ学ばせたい災害をいくつかに絞っておくのもいいでしょう。
◆カードは絵の面を表にしても文字の面を表にしても構いません
◆子どもがわかりやすい方法、喜ぶ方法で遊びます。
◆例えば引いたカードが教室のカードの場合
　「教室を思い出してみてね、もし、教室にいるときに〜」などと言いながら、次に災害のカードを選びます。これも、子ども、大人どちらが選んでも構いませんが、かわりばんこで選ぶ方が楽しいかもしれません。
◆この時、引いたカードが「洪水」だった場合、「洪水が起こったら…、学校からおうちに帰る時にどんなことに気をつけたらいい？」などと、安全を守る方法や避難の方法を一緒に考えます。
◆なんどかやってうまく答えられるようになったら、次に遊ぶときにはハプニングカードを使います。
◆これは災害や場所のカードから考えて起こりそうなことを大人が選びます。
◆同時におたすけカードも用意しておきます。
◆おたすけカードは関係のありそうなもの（停電なら懐中電灯）と関係なさそうなものを数枚選びます。
◆おたすけカードを使って解決してもいいですし、使わずに他の方法を考えてみるのもいいでしょう。
　はじめはおたすけカードを見せずに、答えに困っている様子であればおたすけカードを見せて使えそうなカードを選ばせます。慣れてきたらじょうきょうカードも使います。さらに困った状況になった場合どうすればいいか一緒に考えてみましょう。
◆次ページから防災カードをコピーして使ってあそびましょう。そして災害と安全についてみんなで考えましょう。

災害カード

じしん	たいふう	つなみ	かみなり
かじ	たつまき	こうずい	かざん

場所カード

おうち	かわ	こうてい	きょうしつ
くるまのなか	エレベーター	トイレ	おふろ

ハプニングカード

ていでんになった	 はぐれる	 ガラスがわれた	 でんわがつながらない
  なにかがおちてきた	 けむり	 みちがふさがれた	 あしをけがした

状況カード

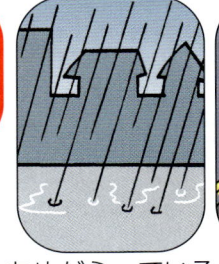

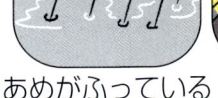

あめがふっている	 よなか	 ゆきがふっている	 かぜ

説明カード

説明カードは「地面が揺れ動くこと」、「海の水が大きなかたまりになって襲ってくること」などの説明を書いた、文字だけのカードです。カードの表の原因を裏に書き入れます。例えば、「地面が揺れ動くこと」なら「じしん」といった具合に、説明カードを用いて、子どもたちに災害について詳しく教えてください。

105

おたすけカード

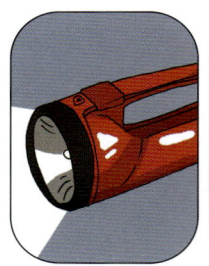

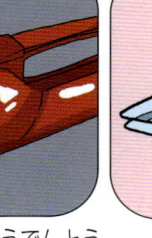

かいちゅうでんとう	ハンカチ	ひじょうボタン	しょうかき
せんせい	でんわ	しょうぼうしゃ	きゅうきゅうしゃ
ぐんて	ふえ	スリッパ	くうはくカード

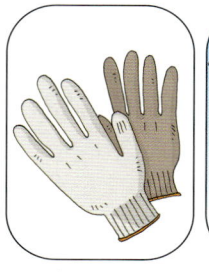

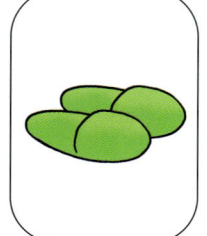

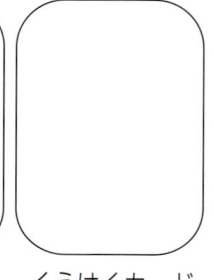

非常持ち出しカード

みず	リュック	おかね	たべもの
かいちゅうでんとう	くすり	ぐんて	くうはくカード

防災カード

なまえ		性別 男 女	生年月日 明 大 昭 平 年 月 日	血液型

住所	〒 　－　　　　　　　都道府県

連絡先自宅電話番号	携帯電話番号

緊急時の連絡先

学校名	学校電話番号

かかりつけの医療機関	電話番号

飲んでいる薬

アレルギー　有　無

避難所の場所

家族の集合場所

107

災害伝言板について

大きな災害が発生すると、被災した地域への確認の電話が殺到して電話がつながりにくくなります。災害伝言板とは、このような時に、家族や知人に伝言を残すためのサービスです。

災害伝言板の使い方

171に電話をかけます

↓

音声ガイダンスにしたがって、録音する場合は1、再生する場合は2、暗証番号を使って録音する場合は3、暗証番号を使って再生する場合は4を押します。

被災地域の人の電話番号を市外局番からダイヤルします。

その後、ガイダンスにしたがって録音、または、再生することができます。
録音は30秒間可能です。

本書の特色

安心を育てる防災教育

　防災教育では、災害の危険性について教えることは避けて通れません。しかし、危険を教えようとするあまり、不安を煽りすぎてしまうと、「地震が起きたら怖い、どうしよう」と必要以上に不安になってしまうことや、防災訓練の際に、必要以上に怖がってしまったり、パニックに陥ったりすることもあります。心の受け入れ態勢ができていないときに、訓練を無理強いすることで、不安になって、訓練の際に適切な行動ができずに叱られてしまうことがあります。

　そして、中には、避難訓練＝怖くて嫌な学校行事というイメージが定着してしまい、次から避難訓練がある日には登校を嫌がるようになる子もいます。このような子こそ、実は、災害が起きたときに、もっとも支援が必要な子なのですが、嫌がる訓練を無理強いすることで、さらに不安になり訓練で適切な行動ができずにまた叱られてしまうという悪循環に陥りやすくなります。

　そうならないようにするには、まず、防災の大切さ（意識）について教え、しっかり学んでおけば、もしものときにも安心できることをわかってもらうことが大切です。その上で、様々な災害の種類や災害に関係する事柄（知識）を学び、避難の方法（行動）を習得するという順序で学んでいきます。防災について学んだ後に、「地震が起きたら助からないかもしれない、怖い・・・」と不安にさせるようではいけません。災害について不安なイメージしかないと、災害が発生するときに、恐怖で体がすくんでしまい、適切な行動が取りづらくなります。

　「怖いことがおきても、守ってくれるものがちゃんとある」「きちんと備えをしておき、適切な行動をすれば被害を軽減できる」という気持ちになるように、安心を育てる防災教育を心がけましょう。

◆発達障害を持つ子もそうでない子も使える内容

　本書は、発達障害を持つ子にもわかりやすい防災教材を心がけて作成されたものです。お子さんの中には発達障害であるか判断が付きにくいケースや、お子さんにはまだ発達障害があることを伝えていないケースもあります。このようなケースへの配慮から、教材部分では、お子さんに障害を意識させずに、楽しく学びながら、発達障害を持つ子でもそうでない子でも、必要最低限のことを身に付けられるような内容になっております。発達障害を持つ子にもわかりやすい教材は、そうでない子にとっても理解しやすいものとなりますので、学校での一般的な防災教育の教材としてもお使いいただけます。

◆最新の安全教育理論に基づく構成

　本書では、東日本大震災以降の最新の安全教育の理論を基にして作成しております。例えば、すでに述べたように、発達障害を持つ子の防災を考える上で配慮しなければいけない点に、避難訓練に参加できない、または、参加できてもパニックに陥ってしまうという問題があります。この理由については後で詳しく解説しますが、このような子には、「避難訓練は嫌な体験をする場ではなく、自分の命を守るために必要なことを学ぶ機会であること」を理解させておく必要があります。つまり、避難という行動を学習する前に、「安全に暮らすために必要なことを学ぶんだ」という心の準備をしておくことが大切になるのです。

　そこで本書では、意識→知識→行動の順に、順を追って学習できるように構成しており、なぜそのような行動が必要なのか、安全行動をとった場合ととらなかった場合でどのような違いがあるのか、安全教育の理論を基に、原因と結果を視覚的に学ぶことができます。

◆特別支援教育の方法を防災教育に反映

　本書では、特別支援教育の場で用いられる、認知特性に配慮した教育方法を内容に反映させております。少し難しい話になりますが、発達障害を持つ子は、認知の仕方（脳での情報処理の仕方）に偏りがあり、その子の得意な認知の仕方に合わない学習方法では、なかなか内容が理解できないことがあります。例えば、聴覚・言語情報の方が理解しやすいタイプと、視覚情報の方が理解しやすいタイプです。多くの人の場合、認知の仕方に多少の得手、不得手があるにせよ、どちらの情報様式であっても理解することはできますが、認知特性に大きな偏りがある発達障害を持つ子の場合、自分の認知特性と違うタイプの情報だと、著しく理解が困難になることがあります。さらに、専門的にいえば、認知の様式には、「継次処理型」と「同時処理型」のタイプがあります。

　「継次処理型」の人は、部分から全体を段階的に理解するのが得意で、順序だった説明や秩序だった説明、時系列での説明、聴覚情報や文字情報での説明だと理解しやすくなります。一方、「同時処理型」は、情報を全体的に捉え、全体の中にある部分と部分の関係性から理解していくのが得意で、視覚的な情報での説明だと理解しやすくなります。

　本書では、このような認知特性を踏まえて、段階的な学習（継次処理型）と全体的な学習（同時処理型）、の二つのタイプの学習ができるようにしてあります。理解しやすいタイプの学習だけをさせてもいいですし、「その子の認知特性と異なるタイプの学習方法で絶対に理解できない」ということはありませんので、理解しやすいタイプで学習した後に、もう一方のタイプの学習をさせてもいいでしょう。本書の一部には、見開きの片方のページは全体的、もう片方のページは段階的学習になっている部分もあります。

発達障害をもつ子の防災

　発達障害を持つ子の場合、災害時にどのような困難があるのでしょう。さまざまなケースを例に挙げて、その困難と対処法について考えてみましょう。

◆避難訓練に参加できない

　発達障害をもつ子の中には避難訓練を極端に嫌がる子がいます。その理由は大きく分けて三つあります。

　一つは、非常ベルの音や煙のにおいなど、避難訓練に伴う感覚刺激を苦痛に感じる場合です。このような子は、避難訓練をすることの意味や、苦痛を伴うものでも危険を察知するために必要なことだと理解できれば、参加できるようになることもあります。また、事前に、どのような音（またはにおいなど）が発生するか説明しておき、気分が悪くなってどうしても耐えられない場合は、保健室などで休憩することも可能だと伝えることで、不安が取り除かれ参加できるようになることもあります。どうしても嫌がる場合は、嫌いな感覚刺激が発生するときだけ別の場所で待機させる、耳栓やマスクを使用させるなどの方法で苦痛を軽減させ、避難の仕方だけは学ばせておくという方法もあります。避難訓練に全く参加できなかった場合は、日を改めて、個別指導で、避難ルートだけでも確認させておきましょう。

　二つ目の理由は、規則的な生活パターンを好む子の場合です。いつもと違う行事なのでどうすればいいのかわからず不安を覚えてしまう、訓練で授業中に非常ベルがなって予定の急な変更に対応できなくなる、というのが参加を嫌がる原因となります。このような子の場合、事前に、写真や映像で避難訓練の光景を見せて、どのような手順で訓練が行われるか、イメージをさせること、本書を利用し避難訓練の意義と方法を理解させておくことで、不安を取り除くことができます。

参加を嫌がるもう一つの理由として、過去に避難訓練で嫌な体験をしたことがある場合です。発達障害を持つ子は様々な理由で、先生の指示通りに行動できないことがあります。そのようなときに、厳しく叱られると、避難訓練＝嫌な行事として刷り込まれてしまいます。そうなると、避難訓練に参加できなくなることや、参加できたとしてもパニックに陥って適切な行動ができずに、叱られ、再び嫌なイメージが植えつけられるという悪循環に陥ります。こうなると、実際に災害が発生した場合、適切に行動できなくなります。過去に嫌な体験をしている子の場合、避難訓練の意義を理解させ、「失敗したら叱られる」という不安感を払拭することで参加しやすくなります。

　避難訓練で、適切に行動できない子がいた場合、なぜ、適切に行動できなかったのかその理由を考え、どのように支援すれば安全が確保できるのか、対策を練る必要があります。避難訓練で適切に行動できない子は、実際の災害でも安全な行動をとることはできません。本人自身もなぜ適切に行動できないのか理解できていないこともあるので、その子に詰問しても嫌な体験をさせるだけで意味がありません。このような子は安全対策の欠点を知らせてくれる貴重な存在として捉えなおして、対策を考えるようにしましょう。

◆危険な状況を察知、理解できない

　非常ベルや防災アナウンス、緊急地震速報など、危険を知らせる情報に気づかない、情報から危険な状態であることを理解できないことがあります。どのような情報が危険を知らせてくれるのか学習させること、周囲の人々の協力を得ることが大切です。

◆伝えられない

　コミュニケーションをとることが苦手で、自分の状況をうまく伝えられない子の場合、避難時に困っていることがあっても伝えられず取り残されてしまうことがあります。困っている様子であれば安全な場所へ誘導して、コミュニケーションボードを使って対応できますが、そのためには、周囲の人の理解と協力が欠かせません。

◆パニックに陥ってしまう

　災害発生時や避難所での待機時、避難訓練時にパニックに陥ってしまう子もいます。音過敏や、臭い過敏など、感覚刺激が原因で、苦痛に感じてしまう場合と、いつもと違う状況に怯え、どうしたらよいのかわからずに不安になってしまう場合があります。訓練時は、前に述べたように、事前に手順を説明し訓練をイメージさせておくことで対応可能ですが、災害発生時に適切な行動が取れないと命に関わります。周囲の大人が注意して避難を支援してあげることが必要です。避難所で、いつもと違う環境に戸惑いパニックに陥ってしまう場合は、避難所に一人になって落ち着けるスペースを用意しておく、寝袋を利用する（中に入って落ち着くことができるため）、パズルや携帯ゲームなど、集中できるものやお気に入りのおもちゃを持たせる、といった方法で対応できます。

◆決まりが守れない

　発達障害をもつ子の中には、決まりを守ることが苦手な子や、教わった決まりを忘れてしまい適切な行動ができなくなる子がいます。このような子も災害時に避難が遅れて被害を受けやすくなります。また、避難所生活でも、避難所での決まり（暗黙のルール）がわからず集団生活になじめないこともあります。多くの場合、なぜ、そのようなこ

とをしなければいけないのか理解できていないことが原因となっています。

　本書を利用して、決まりを守ることの意味や、決まりを守った場合と守らなかった場合の違いを学習させましょう。避難訓練では、「押さない、走らない（駆けない）、しゃべらない、戻らない」という、基本的な決まりを紙に書いて、いつでも確認できるように訓練中に持たせておくというのも有効な方法です。

◆言われたことを守りすぎてしまう

　例えば、避難中はおしゃべりしてはいけません、という決まりを教わったら、避難中は絶対に言葉を発してはいけない、と思い込んでしまい、助けを呼ばなければいけない場面でも押し黙ってしまう子がいます。また、廊下を走ってはいけません、避難中は走ってはいけませんという決まりを絶対視してしまい、猛火が迫っているときでも、廊下だから歩いて移動しなければいけないと思い込んでしまう子もいます。様々な場面を想定することが苦手なため、例外的なケースで臨機応変な対応ができなくなってしまうのです。

　このような子には、安全を守るために決まりが必要なこと、決まりを守ったときどうなるか、守らなかったときどうなるか、決まりよりも安全を優先させなければいけない例外的ケースを、説明して理解させる必要があります。

◆痛みに鈍感

　発達障害を持つ子の中には、痛みの感覚が鈍く、大きなけがをしていても気づかない子もいます。また、コミュニケーションが苦手で会話を回避するために、本当はけがをして痛いのに、痛くない、怪我をしていないと答えてしまうこともあります。「けがをした人はいない？」「痛いところはない？」と尋ねるだけでは、このような子の負傷を見落としてしまうこともあるので、周囲の人が予備知識として、

けがをしていても気づかない、言えない子がいることを知っておくことが大切です。

◆急な変更に対応できない

避難所生活では、予定通りに行動できなかったり、別の場所に移動したりしなければいけないことがあります。このような場合、急な変更に対応できずに不安になってしまうことがあります。一日のスケジュールを表にして作成してすぐに確認できるようにしておく、予定の変更がある場合は、なるべく早い段階で伝えておく、変更がある場合は、予定表のどこがどのように変わるのか、どうすればいいのかが視覚的にわかるようにしておく、といった工夫で不安を軽減できます。

◆こだわりが強い

お気に入りのおもちゃや特定の食べ物、寝具がないと不安になることがあります。別のメーカーのものだと受け入れられないことがあるので、避難所では理解されずにわがままな子として扱われてしまうケースもあります。非常持ち出し袋の中にお気に入りのおもちゃやお菓子などを入れておくようにしましょう。

家庭、クラスでの手作り防災教材

　防災教育では、その地域で多発する災害や、自然環境、交通環境を踏まえて教育する必要があります。そのため、各地域の特徴を取り入れた独自の教材を家庭や学校で作ってみるのも効果的です。そこで、教材作りのために必要なこと、注意しておくことについてご紹介します。

◆知識や行動を学ぶ大切さを意識させる

　知識を覚えたり、安全行動の訓練をしたりする前に、なぜ、そのようなことを学ばなければいけないのか、訓練しなければいけないのか、大切さを意識させることが大切です。心の準備ができていないところに、いきなりこうしなさいというと、防災に対して嫌なイメージがついてしまうことがあります。危険を教えるのではなく安心を育てるという発想で教材を作っていきましょう。学んだ後に、「こうすればもっと安心できる」と思ってくれるような防災教育にしましょう。

◆具体的に教える

　「なるべく〜する」「できるだけはやく〜する」のような、あいまいで抽象的な表現ではわかりづらいことがあります。具体的な状況を示して、どのようにすればいいか、わかりやすく教える必要があります。

◆原因と結果を明確にする

　ただ、こうしなさいと説明するだけではなく、〜すると、〜なる、のように、行動をした結果どうなるか、原因と結果をはっきりさせると、わかりやすくなります。

◆状況判断が必要な事柄について

　状況によって判断が異なる対処法を教える場合は、細心の注意が必要です。
　例えば、「避難中は（転んでけがをしないように）走ってはいけない、でも、すぐそこまで火の手が迫っている場合は走って逃げなければいけない」ということを教える場合、それぞれの状況を具体的に示して、例外が起こる理由と、もしそのように行動しなかったらどうなるか、丁寧に説明する必要があります。
　順序としては、例えば、「避難中はあわてて走らない」「なぜならば、あわてて転倒して足をけがすると避難できなくなります」のように、原則とその理由を教えます。原則が身についた後に、例外と、その理由を教えるようにします。

　教育の進め方には、大きく分けて二通りあります。一つは、定義や順序を丁寧に説明し、身近にある見慣れたものから、災害という非日常的な内容の理解へ進める方法。もう一つは、災害という大きなテーマの全体説明から入り、細部について丁寧に解説していくという方法です。子どもによって、どちらのパターンが理解しやすいかは異なるので、その子に適した方法を考えましょう。

◆学習障害への対応

　学習障害（Learning Disabilities：LD）とは、聞く、話す、読む、書く、計算する、推論する、といった学習に関わる能力のうち、一つ、或いは、複数の能力に困難がある障害のことで、知的発達には遅れはありません。学習障害は、家庭環境や本人の努力不足で起こるものではなく、脳の機能障害が原因であると考えられています。一例を挙げると、読むことに困難を抱える子の場合、文字を文字として認識することが苦手で図のように見えてしまう、文字と音声を結びつけること

が苦手、鏡に映った時のように見えてしまう、などの理由により、学習能力自体には支障がないのに、読むことに関しては大きな負担がかかってしまいます。このような「読むこと」に困難を抱える子の場合、行間に線を引く、文章の切れ目に斜線を引くといった、工夫をすることで読みやすくなりますし、知的能力自体には問題がないので、音声読み上げソフトを利用するなど他の学習方法で代替することで対応することも可能です。

　学習障害は、一人ひとり、その特性が異なるため、一概に「このように指導すればいい」ということが言えません。学習障害向けの支援ツールを利用するなど、子どもの特性に合った指導方法で、災害時に必要とされる最低限の事柄だけは身に付けさせるようにしましょう。

◆細部から全体、日常から非日常へ

　「継次処理型」の認知特性が強い子は、日ごろ慣れ親しんでいるものから災害という非日常の状況へと段階的に学んでいく学習形態、用語の定義や説明をしてから、対処法を学ぶ学習形態の方が理解しやすくなります。理論立てて話をする子、大人びた話し方をする子には理解しやすい方法となります。

◆定義

　〜とはどんなことか
　〜について学ぶことがなぜたいせつか
　〜のときどうすればよいか
　なぜそうしなければいけないかを順序立てて説明します。

　レイアウトは子どもが大好きなゲームの攻略本のキャラクター解説やアイテム紹介のページを参考にするとわかりやすいかもしれません。

◆時系列

「〜のときは、〜をしたあと、〜して、〜する」のように時系列で説明するようにするとわかりやすくなります。

時系列	行動	結果
〜する	〜すると 〜しないと	こうなる こうなる
次に 〜する	〜すると 〜しないと	こうなる こうなる
その次は	〜すると 〜しないと	こうなる こうなる
そのあと	〜すると 〜しないと	こうなる こうなる

◆因果関係

「〜をしたら〜なる、〜をしなければ〜なる」のように、原因と結果を丁寧に説明します。

　教材作りのポイントとして時系列や因果関係を一目で見やすくするということです。
　扱うテーマ全体をはじめに見せて細部についての解説をする方法「同時処理型」の認知特性が強い子の場合は、はじめに学ぼうとする内容の全体像を示して、その後に、具体的な細部の内容を解説したほうが理解しやすくなります。
　例えば、地震なら地震とはどういうものか一目でわかるようなイラストを見せて、イメージをつかんでもらい
そこから具体的な事柄について説明をしていきます。

◆次に、定義や原則について教える

　「地震とはなに？」、「地震が起きた直後は机の下にもぐるなど安全を確保しましょう」など。

◆場面の違い

　さらに、細かく場面ごとにどのような行動が必要か説明します。
　そのような行動をとった場合、とらなかった場合、どのような違い

があるか示します。

◆状況の違い

　すぐそこまで危険が迫っているときは？
　夜間は？
　「こんなときはこうなる、でもこうすると安心」、のように、最後は安心できるようにします。
　これらの教育は子どもの理解に応じて進めていきます。
　最低限知っておく必要がある原則から始めて、より細かい場面、状況設定へと進みます。理解が難しいようであれば、ひとつ前の段階に戻って、基礎的な内容が定着することを心がけます。

◆身近な場面や地域性を取り入れる

　本書で扱った内容に加えて、写真や動画を使って身近にある見慣れた光景を見せながら防災教育を行うと、災害時の対応方法をイメージしやすくなります。例えば、近くに川がある場合、水害の学習で、川の写真、動画を使って、増水した場合どうなるか考えさせることも有効です。
　また、過去に土砂崩れなどの特定の災害が頻発している地域では、その災害に重点を置いて教育をする必要があります。その地域に伝わる災害に関する伝承の紹介や、過去の災害の記事や映像を見せるなどして、防災意識を高めることも大切です。報道の写真や映像を使う場合は、血を流している重症者が映っているものなど、凄惨なものは避けましょう。

コミュニケーションボードの作成と
ロールプレイング学習

　クラスで班分けしてコミュニケーションボードを作り、その役割と使い方を学びます。
　まず、災害時には、ショックで言葉がうまく伝えられなくなる可能性があることを説明します（緊急時にうまく表現できないことがおかしなことではないと理解させます）。
　また、災害時には耳の不自由な人や外国の人などが意思疎通ができずに困ることも説明します。
　そして、コミュニケーションボードの役割を説明します。
　本書を参考に災害時にはどんな表現が必要になるか、クラスで考えます。
　必要な表現をいくつかにしぼり、小さく切った紙を配り、班分けしてコミュニケーションボードの絵を描きます。
　絵の描かれた小さな紙をのりやテープなどでひとつにまとめます。
　大きな紙に貼ってクラスに掲示してもいいですし、印刷可能な大きさの紙に貼って、全員に作成したコミュニケーションボードのコピーを渡してもいいでしょう。

　みんなで作ったコミュニケーションボードを使って、困っている外国の人を助ける場面、耳の遠いお年寄りに説明する場面などを想定し、意思疎通の練習をします。
　道に迷っている、誰かを探しているなど、簡単な場面がいいでしょう。
　コミュニケーションボードの作成を通して、災害時に意思疎通の問題で困る人がいることやどのようなことで困るかを学び、模擬演習によって、意思疎通の大切さやコミュニケーションボードの使用法を理解することができます。

学習の際の注意

非日常的な場面を想像させるための工夫として、視覚的に理解しやすいように、イラストを用いて、事故による怪我を原因結果に分けて説明しましょう。また、過去にけがをした体験を発表させて、そのとき、どのような気持ちになったか、どのようにすればけがを防げたか考えさせ、事故予防や防災の基礎となる安全意識の育成を目指しましょう。
　聞く力を育てる工夫として、児童がどんな意見を言っても、人それぞれ感じ方が違うことを理解させましょう。災害発生時には完全な正解がない場合もあることを学ぶことも大切です。
　伝える力を育てる工夫として、絵が苦手な子のために、表情のイラストのサンプルをあらかじめプリントに印刷して、その絵に近い「気持ち」を絵で表現させるという方法もあります。

◆準備するもの
イラスト（けがをすればどうなるか）
配布プリント（気持ちを考えさせる）

◆評価する際のポイント
授業への関心、態度
・身近な安全について関心を持ち、話し合うことができたか。
表現力
・自分の意見をわかりやすく伝えることができたか。

授業の展開例

時間(分)	学習活動		指導上の留意点
5	導入（つかむ）	クラスで起こった身近な事例や教諭自身の体験について	身近な事例から安全への関心をもたせる
		児童のけがの体験談を尋ねる	
5	導入（活動内容を知る）	授業方法の説明	イラスト（画像 動画）を見て、どうなるか想像し、どんな気持ちになるか考えてもらうことを説明、感じ方は人それぞれなので正解や間違いがないことを伝える
10	展開（さぐる）	けがをするとどうなる？	予想の結果をイラストで見せる
		誰かがけがをするとどうなる？	「これは先生が考えた予想です」と説明しながら結果を見せる
		けがをしないようにするにはどうすればいい？	児童が答えた意見が必ずしも間違いでないようにイラストを見せて結果を予想させ、発表させる
		けがをしないようにするにはどうすればいい？	児童が答えた意見が必ずしも間違いでないように配慮する
		イラストを見せて結果を予想させ、発表させる	
10	展開（深める）	どんな気持ちになるか絵で表現させる	絵が苦手な子でも描けるようにサンプルを用意する
		みんなの意見を比較する	絵の上手、下手ではなく気持ちを考えることが大切だと伝える
10	展開（深める）	どうすれば事故や災害から身を守れるか考えさせる	教諭自身の体験や児童の体験について話し合い
			そこから安全や決まりを守ることの大切さを自覚させる
10	まとめ（まとめる）	日常生活の安全を意識することでけがを防げることを学ぶ	地域や季節の話題を取り入れて、その地域、時期に起こりやすい事故・災害への注意を喚起する

避難情報のレベル

避難準備情報

　住民に避難準備を呼びかける段階です。高齢者や障がい者など、避難に困難を抱える人、支援が必要な人に対して早い段階で避難行動を取ることが推奨されます。

避難勧告

被害が予想される地域の住民に避難を勧める段階です。

避難指示

　避難勧告よりも強く住民に避難を求める段階です。
　避難指示が出たときはただちに避難行動を開始します。
　☆避難指示は避難勧告よりも危険性が高いときに出されます。

危険性・拘束力

　　　危険が低い　　　　　　　　　　　　　　　　危険が高い
　拘束力が弱い　避難準備情報 ＜ 避難勧告 ＜ 避難指示　拘束力が強い

幼児、高齢者、障がい者など災害時要援護者は避難準備情報が発令された時点で避難行動を開始します。

特別警報の意味

注意報：災害が起こるおそれがある
警報：重大な災害が起こるおそれがある
特別警報：重大な災害が起こるおそれが著しく大きい、特別警報が発令されたら
　　　　　　直ちに命を守る行動をとる

推薦文

神戸大学名誉教授・教育学博士
南　哲（ミナミ　サトシ）

　堀清和氏と私は、10数年来安全教育学研究に取り組んできた。今回、堀清和氏による本書の出版は、我が国の安全教育にとって、待望久しい画期的な内容である。その辺の事情について述べる。

１．命の尊厳は教育の基盤である

　40数年前、兵庫県西宮市立大社中学校に建つ碑文　「死ぬな　ケガすな　病気すな」を見て強い感動を覚えた。儚く脆く一回限りの尊い命を、何よりも大切にせよという保護者や教師の篤い祈りが込められていたからである。以来座右の銘として、碑文を繰り返し紹介してきた。子ども達に命の大切さを教える事は、教育の根幹であり最優先事項なのである。

２．自分の命は自分で守る気概を持とう

　碑文が強く訴えているのは、自らの責任と行動によって、自分の命は自分で守れという事である。一般的には全生涯を通じて、年齢や発達段階に即した安全教育の課題が存在し、生涯教育的な働きかけが必要となってくる。幼稚園児や小学生であっても、自らの安全を確保し、事件、事故、災害の被害を最小限で阻止する能力の育成が必要である。その場合こうした災害弱者に対して、どの程度の介入援助が必要であるかを十分配慮しなければならない。

３．教育対象は、子どもから高齢者まで全ての国民を含む

　安全教育は全ての国民を対象に実施しなければならない。取り分け

子どもや高齢者は安全能力が低く脆弱であり、同時に災害弱者である。毎日の事故災害報道を見れば明らかである。子どもに対する安全教育は適時性が高く、この時期を逃すと補完できない。生涯に亘る安全能力の基礎を培い、命を守る事になる。
　さらに、安全教育は全ての人々が合格点を取る必要がある。命にかかわる事なので、知らない、判らないでは済まされないのである。今後の課題として、障害をもつ子どもたちへのきめ細かな指導は、教育の力量が問われるところである。

４．本書の特徴と意義

　これまでに本書の内容を網羅したものは皆無である。救うべき命の対象として、課題が残され続けてきた、障害児の安全教育の分野に、明るい展望を拓いたものである。以下に、優れた特徴の２・３を挙げる。
　「発達障害をもつ子にもわかりやすく、何故そうなるのか、因果関係をイラストで丁寧に説明している。」
　「恐怖をうえつけ不安にさせるのではなく、安心を育てる防災教育。安全を知ることで安心できるようにする。」
　「家族で楽しく学べる。（読み聞かせやクイズ、あそび、避難マップ作りなどを通して楽しみながら学べる）」
　「避難所での生活も学ぶことができる（災害への備え・発生時の避難方法に加えて、防災教育では手薄になりがちな避難生活についても学べる）」

５．終わりに

　本書が、障害児の生涯を通じての安全確保に貢献する事を念じて止まない。
　全国の障害児教育施設で活用されるように期待したい。同時に、親子共同学習で成果を上げて欲しい。改善点があれば智恵を出し合って頂きたい。

あとがき

　1995年1月17日早朝、阪神・淡路大震災は兵庫県西宮市で就寝していた私の日常を一瞬にして非日常の世界へと変えました。突然の揺れに戸惑っているうちに、次々と家具が倒れ散乱し、停電で真っ暗な部屋の中を歩いていると、足に激しい痛みを感じました。割れた食器の破片を踏み、足を切ってしまったのです。痛みに耐えながら家族の無事を確認し、外に出ると、見慣れた町並みは一変していました。道路からは水があふれ出し、ガスのにおいが漂い、木造の家は崩れ、落橋した高速道路に押しつぶされた車がそこにはありました。

　ありふれた日常とはこんなに簡単に崩れ去ってしまうのか、あの光景は一生忘れないでしょう。震災が起きてから何日かすると、「高齢者や障害を持っている方、外国からこられた方が逃げ遅れたり、避難所で苦労したりしている」という話を耳にするようになりました。当時、未曾有の震災なので、防災対策やその後の支援体制が不十分だったのだろうと思っていましたが、悲劇を繰り返さないためにも震災を教訓に防災を考え直そうという機運が生まれ、このような問題は誰かの手によって改善されていくのだろうと漠然と思っていました。

　その後、安全教育の研究に関わる機会を得た私は、学校での事故や防犯を中心に研究を進めていましたが、調査を進めるうちに、事故や犯罪被害の要因として、何らかの理由で危険に気づけない子や決まりを守るのが苦手な子の存在が隠れているのではないかと感じるようになりました。安全教育がきちんとされているはずなのに、なぜこんな場所で、こんな行動をしたのだろうという事例をいくつも目にしてきたからです。これらの多くの場合、家庭環境や学校の危機管理が理由であろうとされていましたが、私は、ひょっとすると安全教育の方法に別のアプローチが必要なのではないかと思うようになりました。

　また、防犯教育の研究に関わる中で、防災教育についても同じようなことが言えるのではないかとぼんやりと考えるようになっていました。そうこうしているうち、2011年3月11日に東日本大震災が発生。震災の光景をテレビでみた私の脳裏に、阪神・淡路大震災の当時の思

いが蘇り、改めて災害の恐ろしさを痛感しました。

　その中で、「障害を持っているために避難が遅れた」「避難所になじめず車内で夜を明かした」との報道を耳にしました。私は愕然としました。阪神・淡路大震災から何年もたっているのに、また同じようなことが繰り返されているのか、と。そして、誰かが障害児・者の防災に取り組まなければと思った私は、東北大学災害科学国際研究所の研究助成を得る機会に恵まれ、本書の土台となる調査をはじめることとなりました。そして、大阪府堺市にある障害児・者の生活を支援するNPO法人ぴーすさんのご協力のもと、調査に着手することとなったのですが、そこで法人の小田理事長さんのお話を伺う中で、「特別支援教育の専門家は防災には関心がなく、防災の専門家は障害児の防災は専門外だとおっしゃるので、誰も手を付けてくれなくて、私達が障害児の防災を開拓していくしかないんです。障害児の防災教材は皆無といっていいくらいです」との声をお聞きしました。

　これではいけないと思い、本書の作成を提案し、ぴーすさんのご協力を得ながら執筆を開始しました。本書を執筆する中で、なぜ今まで障がいに配慮した防災教材がなかったのか、その理由もわかるようになりました。障害と言っても、一人ひとり、その種類や程度が異なり、必要な配慮や対策も千差万別で、どこに焦点を当てればいいのかが非常に難しいのです。本書では、普通学校に通う軽度発達障害を持つ子でもわかりやすい内容を意識していますが、それでも内容の精査には苦心しました。安全教育の専門領域では、「児童・生徒の障害の種類や程度、特性に応じた柔軟な教育を行うことが肝要である」との一文で済まされてしまうことですが、では、一体どうすればいいのか、この点が、現場の先生方も苦労するところなのだと痛感しました。

　しかし、危険に気づきにくい子や避難の方法を理解できない子は、災害発生時により命の危険が高まるため、きちんと教育を行うことが必要となります。本書を利用した学習で少しでも防災の力が身につけばと思います。

　仮に、本人が防災の知識や対処法を身に付けることが困難であったとしても、「この子は災害時に支援が必要である」ということを周囲

が理解できれば、対策を立てることもできます。

　大切なのは、子ども達の大切な命を守れるよう、周囲も含めて災害に備えておくことです。

　障害の有無にかかわらず、すべての子どもたちが安心して暮らせる社会の実現、災害に負けない防災教育・防災対策に少しでもお役に立てれば幸いです。

　最後に、本書作成にあたってご助言いただいた神戸大学名誉教授南哲先生、共同研究でお世話になった東北大学の佐藤健先生、國學院大学の村上佳司先生、調査で協力いただいたNPO法人ぴーすの皆様、クリエイティブ工房POROの皆様、せせらぎ出版様に、この場を借りて深くお礼を申し上げます。

2014年11月　　堀　清和

協力
　NPO法人ぴーす
　　ぴーすは発達障害、知的障害、自閉症、ダウン症、肢体不自由など、あらゆる障がい児・者とその家族のたのしい暮らしを支援する大阪堺市にあるNPO法人です。
　　http://p-s-sakai.net/
　　堺市北区百舌鳥梅町3-39-32
　　072-250-9060

　一般社団法人PORO（昭和の思い出つむぎ隊＆クリエイティブ工房）
　　POROは高齢者の傾聴活動や各種支援サービスなど福祉の分野で活動する団体です。
　　おしゃべり茶話会や各種セミナー、本や冊子の企画制作など。
　　http://omoide-poro.sakura.ne.jp/

調査・取材協力
　　佐藤　健（東北大学教授）
　　村上佳司（國學院大学教授）
　　前田万亀子（プランニングMaki）
　　松浦敦子（PORO）

本書に関連する筆者の代表研究論文

「危機管理マニュアルの分析に見る学校安全の取り組み」日本安全教育学会誌.Vol.7(1)45-53　2007年

「安全教育のためのeラーニング教材開発に関する基礎研究」日本安全教育学会誌.Vol.9.49-56　2009年

「Grade and Sex Differences in Safety Consciousness, Knowledge and Behavior in Primary School Students」日本健康教育学会誌. Vol.19 (4) 289-300 2011年

「障害を持つ子のための防災」安全教育学研究.Vol.12（2） pp.27-36. 2013年

「潜在危険論に基づく学校での防災」日本教育保健学会年報.Vol.20.77-87 2013年

《参考文献》

上野一彦　月森久江著『ケース別発達障害のある子へのサポート実例集小学校編』ナツメ社

文部科学省「『生きる力』を育む学校での安全教育」安全教育参考資料

石川県教育委員会『石川の学校安全方針―かけがえのない子どもたちの命を守ろう』

兵庫県教育委員会『学校防災マニュアル平成24年度改訂版』

文部科学省「学校防災のための参考資料『生きる力』を育む防災教育の展開」

堀　清和（ほり　きよかず）

1976年兵庫県西宮市に産まれる。阪神・淡路大震災で自宅を被災。大阪音楽大学で作曲・音楽学を学んだ後、大学院に進学し音楽療法、健康教育、安全教育の研究に取り組む。2001年第18回現音作曲新人賞本選会入選。2007〜2010年、独立行政法人科学技術振興機構・社会技術研究開発センター・研究開発領域・犯罪から子どもの安全「犯罪からの子どもの安全を目指したe-learningシステムの開発」プロジェクト実施者。2012〜2013年東北大学災害科学国際研究所特定プロジェクト研究「発達障害を持つ子のための防災教育および防災対策」研究代表者。2014〜2015年博報財団第9回児童教育実践についての研究助成「発達障害を持つ子のための防災教材の開発と指導方法の研究」研究代表者。大阪教育大学大学院健康科学専攻修了（学術修士）、関西福祉科学大学・博士課程・臨床福祉学専攻修了（臨床福祉学博士）安全教育、防犯教育、防災教育に関する研究多数。

助言
南　哲（神戸大学名誉教授）

編集　　堀　ひろみ
イラスト　中島　宏幸
　　　　　イナズミ　ヨシエ
　　　　　アデミツル
　　　　　NAMI烏坪

小学校低学年・家族・発達障害をもつ子・先生のための
災害に負けない防災ハンドブック

2013年8月20日　初版　発行
2014年11月20日　第2版　発行

著　者　堀　清和
発行者　山崎亮一
発　行　せせらぎ出版
　　　　〒530-0043
　　　　大阪市北区天満2-1-19　高島ビル2F
　　　　TEL06-6357-6916　FAX 06-6357-9279
　　　　E-mail : info@seseragi-s.com
　　　　URL http : //www.seseragi-s.com

印　刷
製　本　明和商会

ISBN978-4-88416-236-8